O Pianista no Bordel

CB124857

OBJETIVA

Juan Luis Cebrián

O Pianista no Bordel

Jornalismo, democracia e as novas tecnologias

Tradução
Eliana Aguiar

OBJETIVA

© Juan Luis Cebrián, 2009
© do prefácio: Sami Naïr, 2009
© Círculo de Lectores, S.A. (Sociedad Unipersonal), 2009

Todos os direitos desta edição reservados à
EDITORA OBJETIVA LTDA.
Rua Cosme Velho, 103
Rio de Janeiro – RJ – CEP: 22241-090
Tel.: (21) 2199-7824 – Fax: (21) 2199-7825
www.objetiva.com.br

Título original
El Pianista en el Burdel

Capa
Rodrigo Rodrigues

Imagem de capa
Spod / Istockphoto

Preparação de originais
Elisabeth Xavier de Araújo

Revisão
Lilia Zanetti
Héllen Dutra
Joana Milli

Diagramação
Trio Studio

CIP-Brasil. Catalogação na Fonte
Sindicato Nacional dos Editores de Livros, RJ.

C381p Cebrián, Juan Luis
O pianista no bordel / Juan Luis Cebrián ; tradução Eliana Aguiar. - Rio de Janeiro : Objetiva, 2010.

Tradução de: *El pianista en el burdel*
166p. ISBN 978-85-390-0045-6

1. Jornalismo. 2. Jornalismo - Orientação profissional. I. Título.

09-6068. CDD: 070.4
CDU: 070

Sumário

Do piano à sinfonia

Um homem toca piano enquanto, a seu redor, dezenas de pessoas se agitam, cada uma delas empunhando seu *papel* entre os dedos, numa espécie de cena teatral que lembra, em meio ao cheiro de tinta e sobre o pano de fundo do rumor das rotativas, o universo de *Cidadão Kane*, de Orson Welles. Mas o que o homem está interpretando não é uma partitura: na realidade, com todos estes *papéis* reunidos, está compondo uma sinfonia que só ele conhece. Esta é a sua função no meio da barafunda anarquicamente criativa que caracteriza a confecção de um jornal diário, semanal, mensal ou qualquer outro.

Este homem, evidentemente, não é somente um pianista. É, antes e sobretudo, o maestro de uma orquestra. Como se opera a magia dessa síntese que transforma cada número do jornal num milagre? Poderemos ter uma boa ideia desse processo com a leitura deste livro, que não é um manual sobre a profissão de jornalista, mas antes uma reflexão profunda, séria, embora saudavelmente irônica, sobre a própria essência da arte do jornalismo. Uma arte, sim, apesar de nenhum manual ser capaz de fornecer as regras formais desta curiosa profissão, nascida, como lembra Juan Luis Cebrián, no século XVII para transformar-se numa das principais fontes da formação da opinião pública na sociedade democrática moderna.

O autor, conhecido por todos por ter sido o primeiro diretor do *El País*, sob a presidência de seu amigo Jesús de Polanco, propõe aqui, em suas próprias palavras, uma "coleção de ensaios" sobre sua experiência desde o início da carreira de jornalista. A fórmula talvez seja voluntariamente modesta, pois todos que lerem a obra perceberão que se trata de um livro, na acepção plena da palavra, baseado numa visão de mundo coerente e consciente de si mesma. Não vou me atrever a resumir aqui a variedade de temas, ideias e argumentações que fazem deste livro uma espécie de palimpsesto do jornalismo. Vou me limitar apenas a apontar duas ou três questões-chave, ao menos para mim, deixando ao leitor a liberdade de descobrir por si só o pensamento de Cebrián.

Segundo o autor, a consciência que o jornalismo tem de si mesmo pode ser resumida da seguinte forma: é um gênero literário particular, de natureza incontestavelmente distinta, mas de estatuto criativo semelhante aos do ensaio, do romance ou da obra de pensamento. Um gênero dotado de regras (rigor, hierarquia dos fatos e qualidade da reflexão, nas palavras de Cebrián, às quais eu acrescentaria a *prudência*), que impõem restrições de responsabilidade diversas daquelas que regulam outros gêneros e o transformam numa disciplina que não é apenas aquela do *dar a conhecer*, mas antes a do próprio *saber*.

Neste sentido primordial, o jornalista é, e deve ser, segundo Cebrián, não um escrevinhador desligado da informação, mas de certa forma um escritor, o autor ou autora de um texto, no qual a dimensão de "conteúdo de verdade", para usar a fórmula de Theodor W. Adorno, deve buscar sempre a melhor expressão literária possível, pois, como se sabe desde Platão, a verdade nunca é incompatível com o Belo.

A exigência que Cebrián defende em seu livro, ele a representa, sem dúvida, na Real Academia Espanhola, mas também nos textos reunidos neste volume. O último capítulo do livro, que tem como título "Escritores de jornais", é uma brilhante confirmação disso. Mas Cebrián também sabe que, assim como nem todos os romancistas são Cervantes, Flaubert ou Dickens, nem todos os jornalistas são London, Camus ou García Márquez. Roland Barthes também sabia disso quando fez a distinção entre "escritores" e "escreventes", ou seja, entre os que criam e os que reproduzem: do mesmo modo, se aceitarmos a dura crítica de Cebrián à decadência (à "vulgarização") da língua sob os auspícios do jornalismo cotidiano, faremos uma distinção entre o jornalista que realiza uma obra de escrita e aquele que se contenta em reproduzir estilisticamente os clichês da profissão.

Esse caráter profissional do jornalismo não se limita, claro está, ao campo da *grafosfera*, pois também é, e isso é uma outra dimensão da reflexão de Cebrián sobre a profissão jornalística, uma exigência ineludível na civilização digital, *videoesférica*, vigente em nossos dias. Um dos grandes méritos de Cebrián é apontar igualmente, ao longo de todo o livro, a imperiosa necessidade de adaptar-se a este novo mundo e de conceber o digital como uma versão, a partir de agora inelutável, da produção de conhecimento e de informação, à qual o jornalismo moderno precisa se adequar, mas sem renunciar ao direito de amar o cheiro de tinta e papel.

Neste volume, o leitor encontrará também uma reflexão de primeira magnitude sobre as relações entre a liberdade de expressão, a busca da liberdade e o direito à mesma que devem nortear o trabalho do jornalista diante de uma análise lúcida das influências, das relações de sedução, de manipulação, de cumplicidade que o poder político, incapaz de controlar a opinião em uma sociedade democrática, é obrigado a estabelecer com aqueles que contribuem para sua criação. Exceto quando, conforme revela Juan Luis Cebrián pela primeira vez, se trata de um poder político cujas convicções democráticas ainda não estão, digamos, completamente elaboradas, como foi o caso da vitória eleitoral para a presidência de José Maria Aznar, em 1996. Escreve Cebrián: "Revelarei uma petição que Jesús Polanco e eu recebemos diretamente de La Moncloa pouco antes do personagem em questão lá se estabelecer: que Eduardo Haro Tecglen deixasse de escrever no *El País* e que Iñaki Gabilondo abandonasse os microfones da SER." Apenas isso!

O poder político, qualquer que seja, sempre foi um dos grandes problemas desde o nascimento do *El País*. Sem esconder suas simpatias nem suas indignações, Cebrián exibe esta permanente ambiguidade. Mas, no fundo, tudo pode ser resumido numa fórmula: a partir do momento em que existe no jornal uma vontade de independência, a paz é impossível, o estado de guerra é latente, inclusive diante de um poder cuja orientação fundamental é compartilhada por ele. E, naturalmente, tudo o que diz respeito ao poder político, diz respeito igualmente aos poderes financeiros, que dispõem de meios ainda mais notáveis de coação e pressão.

Neste livro, encontraremos muitas outras observações sobre as contradições, os conflitos, as adesões que conformam o dia a dia de um diretor de jornal, de um formador de opinião, mas também de um pensador e de um artista da função jornalística. Em virtude do lugar tão peculiar que ocupa no espaço cultural e político do país, Juan Luis Cebrián é inevitavelmente objeto de bajulações e alvo de críticas. É o seu destino. Mas o que não se pode discutir, pois é indiscutível, é que sempre será uma grande voz livre da Espanha democrática.

Sami Naïr
Filósofo, sociólogo, cientista político

O Pianista
no Bordel

Não digam a minha mãe que sou jornalista, prefiro que continue acreditando que toco piano num bordel.

Ditado popular

O mito de Watergate

Em 1972, uma patrulha da polícia local de Washington descobriu uma operação de espionagem no escritório eleitoral do Partido Democrático. Com este episódio, em princípio relativamente menor, começava aquele que provavelmente constitui o mais aberto enfrentamento já ocorrido entre o poder político e um meio de comunicação: o caso Watergate toma emprestado o nome do hotel em que ocorreram os primeiros acontecimentos – a espionagem aos escritórios eleitorais do Partido Democrático – e representou o fim da carreira política do presidente Nixon. Desde que ele foi obrigado a se demitir, em agosto de 1974, em consequência dos escândalos que se seguiram ao ocorrido, o nome desse luxuoso complexo de escritórios e lojas comerciais do distrito de Columbia ficou escrito em caracteres indeléveis na mitologia do jornalismo.

Watergate é símbolo da independência da imprensa diante do poder político e um lembrete do papel que compete aos jornais numa democracia: revelar corrupções e manobras sujas. A partir de então, cunhou-se a concepção do jornalismo como um "contrapoder", teoria que foi formulada explicitamente pelo presidente francês Valéry Giscard d'Estaing e que foi usada repetidas vezes pelos cientistas políticos. Embora muitas vezes tenha defendido teses semelhantes, na verdade não estou certo de que os meios de comunicação atuais não representam antes um aspecto ou uma representação do próprio poder ou pelo menos de seus entornos. A mitologia acerca da independência dos meios de comunicação pode e deve ser mantida, desde que não se transforme numa autêntica religião. Muitas vezes, eles se comportam como defensores das liberdades diante dos abusos dos que mandam, mas em outras ocasiões, convertem-se no epicentro da arbitrariedade e do desdém pelos direitos dos cidadãos.

Durante as últimas décadas, a imprensa em geral, e a dos Estados Unidos em particular, sofreu transformações consideráveis. Desde os avanços tecnológicos até as mudanças que ocorreram na estrutura de propriedade dos jornais, hoje em dia tudo, ou quase tudo, parece diferente. A competição com os novos meios eletrônicos levou, na época, os jornais a diminuir o peso de suas reflexões ao mesmo tempo em que o número de suas páginas aumentava, assim como o uso das cores em suas fotografias, primeiro nos anúncios, depois na informação. Algumas publicações legendárias, como o *Times* de Londres, trocaram sua austera aparência de qualidade – antes representada até mesmo pela textura especial do papel – pela roupagem alegre do sensacionalismo, enquanto a imprensa vespertina agonizava, vítima do tempo que seus eventuais leitores preferiam dedicar à televisão. Mais tarde, surgiram os suportes digitais, com a consequente fragmentação da audiência, e a internet, com sua vocação de universalidade individualizada. Tudo isso levou a uma acelerada e crescente concentração das empresas que, em seguida, ultrapassaram a propriedade dos meios de comunicação para arriscar-se no campo dos sistemas de lazer e entretenimento. O tamanho começou a ser uma condição para a sobrevivência, e a tradição de propriedade familiar do setor deu lugar à inclusão dos mais importantes jornais do mundo na lista das empresas cotadas no mercado de ações.

O *Washington Post* tinha acabado de entrar no mercado de capitais precisamente na época em que sua acionista de referência, Katherine Graham, que herdou o diário do marido, foi obrigada a enfrentar inúmeras pressões para que puxasse as rédeas dos repórteres do jornal encarregados da investigação de práticas delituosas na Casa Branca. Os advogados e gestores do *Post* relembravam sem cessar os perigos de uma confrontação aberta com o poder que poderia redundar em prejuízos para os acionistas, prejudicando o mercado publicitário e colocando em risco a renovação das concessões de licenças de televisão que a empresa detinha. Contudo, a sra. Graham, que tinha enfrentado decisões semelhantes pouco mais de um ano antes, relacionadas aos famosos Papéis do Pentágono,* não hesitou em apoiar as teses do diretor Ben Bradlee e de sua equipe de redatores, a favor de dar continuidade à investigação e publicidade aos fatos apurados. O argumento que sustentava sua decisão era simples: um jornal é uma empresa mercantil e como tal deve satisfações a seus proprietários e a seus clientes, mas também é um órgão de

* Os Papéis do Pentágono eram os documentos secretos do Departamento de Defesa dos Estados Unidos sobre a participação do país na guerra do Vietnã intitulados: "A tomada de decisões dos EUA no Vietnã, 1945-1968." Eles demonstravam que o governo estava enganando a população a respeito da guerra e documentavam minuciosamente como quatro presidentes e seus respectivos governos haviam ocultado seus planos bélicos durante 23 anos. Ficaram famosos quando um ex-funcionário do Departamento de Defesa e do Departamento de Estado, Daniel Ellsberg, resolveu torná-los públicos, em 1971. O diretor do *Post* pediu à editora, Katherine Graham, que decidisse se deviam ou não publicar os papéis. Ao responder que sim, ela entrou para a história do jornalismo, e o *Post*, até então um diário medíocre e complacente, passou a ser o principal rival do *New York Times*. Richard Nixon tentou bloquear sua publicação com a ajuda de juízes federais. "Quem deixou vazar esses papéis tem que ser queimado na fogueira", disse ele numa conversa que, gravada no Salão Oval, acabou caindo igualmente no domínio público. A decisão da Suprema Corte de permitir a publicação dos papéis, mesmo diante da demanda do governo pelo silêncio, deve ser vista como uma eterna garantia judicial para a liberdade de expressão.

opinião pública e, portanto, sua obrigação é servir os cidadãos acima de tudo. Esta é a filosofia que triunfou então, da qual nos orgulhamos, às vezes em vão, milhares de jornalistas de todo o mundo. Hoje, cabe perguntar sobre sua vigência diante das modas do momento, das novas realidades e das diversas ameaças que pairam sobre a liberdade de expressão. Muitas dessas tentativas tratam de fundamentar sua ação na luta contra o terrorismo, que é um dos chavões mais usados por todo tipo de governo na hora de justificar abusos e violações, alguns muito graves, dos direitos humanos. Mais recentemente, a crise econômica também serviu para incentivar a paixão censória de milhares de burocratas do mundo inteiro. Organismos reguladores encarregados de vigiar as transferências nos mercados de capitais deixam de cumprir tarefa tão necessária e dedicam-se, não raro, a perseguir a liberdade de informação, em vez de descobrir os malfeitores. Este é o caso da Comissão Nacional do Mercado de Valores da Espanha que, em seus delírios legislativos, pretende pura e simplesmente proibir e castigar a existência e a divulgação de boatos, empenho tão louvável quanto estéril e que serve de introdução à insidiosa discussão sobre o momento em que um boato se transforma em notícia e em que uma notícia merece ser classificada como simples falatório ou murmúrio.

Todas essas questões reclamam uma investigação permanente. Bill Kovach e Tom Rosenstiel, dois jornalistas e especialistas em comunicação que se dedicaram durante anos a refletir sobre elas, conversaram com centenas de colegas, leitores, empresários, anunciantes e cidadãos comuns, recolhendo opiniões, organizando debates e tratando de averiguar, em meio à polêmica, quais seriam os elementos do jornalismo, a matéria-prima que, tal como o fogo, a água, o ar e a terra para os antigos, constitui o núcleo dos fundamentos da existência de nossa profissão. Sua experiência, recolhida em livro* de leitura obrigatória para os que se interessam pelo assunto, destaca que o jornalismo de hoje, incluídas as transformações propiciadas pela internet, continua a ter alguns princípios básicos que não somente o identificam como profissão, mas também constituem um compromisso daqueles que o exercem. Afastar-se deles equivale a desertar da própria condição de jornalista. Estas normas foram reunidas em nove pontos que não resisto a reproduzir aqui:

1. A primeira obrigação do jornalismo é a verdade.
2. Sua primeira lealdade é para com os cidadãos.
3. Sua essência é a disciplina da verificação.
4. Seus profissionais devem ser independentes dos fatos e das pessoas sobre os quais informam.
5. Deve servir como um fiscalizador independente do poder.
6. Deve oferecer-se como tribuna para as críticas públicas e para o compromisso.
7. Deve se esforçar para fazer do que é importante algo de interessante e oportuno.
8. Deve seguir as notícias de forma ao mesmo tempo exaustiva e proporcional.
9. Seus profissionais devem ter direito a trabalhar conforme lhes dita a consciência.

Seria difícil dizer mais sobre os direitos e deveres do jornalismo profissional em nossos dias, em tão poucas frases. Claro que estes nove mandamentos se resumem facilmente em dois, pois desde as tábuas de Moisés não existe

* Bill Kovach e Tom Rosenstiel, *Os elementos do jornalismo*, trad. Wladir Dupont, São Paulo: Geração Editorial, 2004.

um decálogo que não seja passível disso: o jornalismo deve ser **fidedigno** e **independente**.

Ser fidedigno significa que os jornalistas devem contar os fatos tal como ocorreram ou, no mínimo, esforçar-se nesse sentido. Não devem manipular dados, nem destacá-los segundo suas conveniências; devem ser rigorosos na verificação, exaustivos nas provas, plurais nos pontos de vista, minuciosos nos matizes, e, sobretudo, devem saber reconhecer seus erros e seus equívocos e se dispor a pagar por eles. Ser independente equivale a exercer o papel social que seu ofício pressupõe, a não administrar a verdade apurada segundo as conveniências ou pressões do poder, a não misturar as próprias opiniões ou interesses pessoais com os dos leitores, a não trocar sua condição primária de testemunha pela de juiz, a ser crítico, amante do debate, polêmico e brilhante sem que a paixão pelas palavras o afaste da paixão primordial pela verdade, usando as primeiras para iluminar a última com luz melhor e mais forte.

Tanto ou mais do que os partidos políticos e a representação parlamentar, a liberdade de expressão é uma condição básica para o estabelecimento de democracias prósperas e sólidas. Estas são evidências esquecidas demais pelo poder, que tende à autossatisfação e ao onanismo, entrincheirando-se atrás dos votos recebidos em vez de honrar o livre-arbítrio dos que lhe deram esses votos. A suposição de que o apoio dos eleitores é um cheque em branco para o exercício do governo por quem o recebe é totalmente gratuita. Se quisermos que a democracia representativa sobreviva num mundo tão complexo e contraditório como o atual, é preciso que o poder não feche os olhos e ouvidos para as expressões da democracia direta e participativa que as diversas formas de manifestação pública comportam, ou seja, que não imite a recalcitrante arrogância do presidente

Nixon. Estive com ele anos depois do escândalo, por ocasião da publicação de um livro seu na Espanha. Pareceu-me um homem amargurado, rancoroso e obstinado, incapaz de entender que a glória do êxito de sua política externa pudesse ser manchada pelas artimanhas desleais que usou para vencer e desacreditar seus adversários políticos. Jantei com Ben Bradlee, responsável último pela queda do presidente, numa noite de verão na Paris do início deste século. Aos 80 anos, estava radiante de juventude e felicidade e como uma criança brincava de revelar/ não revelar a verdadeira identidade de "Garganta Profunda" – a fonte primordial das revelações do caso Watergate, que morreu no final de 2008. Um dos presentes fez um comentário sobre o destino pessoal dos dois heróis da história, os jornalistas Bernstein e Woodward. O primeiro, transformado em papa da profissão, faz conferências e escreve livros, alguns tão apaixonantes quanto *Sua Santidade*, uma biografia do papa Woytila, em cujo texto mergulhei instado por Gabriel García Márquez e que recomendo a todos os que se interessam pelas misérias do poder temporal da Igreja. Woodward continuou trabalhando como repórter, ao que parece com o mesmo entusiasmo e decisão que empregava quando era jovem, o que o transformou num dos mais temidos e apreciados jornalistas de sua cidade. Há anos, ambos resolveram vender as notas pessoais, gravações e documentos privados que utilizaram durante as investigações de Watergate por 5 milhões de dólares. Um material de interesse indiscutível para os historiadores, com o qual nós, jornalistas, também teríamos muito a aprender.

Como a contribuição deste caso para a história da imprensa e da liberdade em geral é muito importante, observei durante muito tempo que sua mitificação gerava não poucas desgraças. Entre as maiores, podemos situar a mania obsessiva de alguns colegas de derrubar e exaltar presidentes a seu bel-prazer, uma missão que não encontrei no código moral do jornalismo acima citado. A franca vocação de grande parte da imprensa espanhola para intervir ativamente nas escaramuças e conspirações do poder, incluindo no jogo, com grande descaramento, os interesses particulares da empresa ou dos jornalistas que tomam as decisões, é o que permite que ela mantenha, em geral, seu caráter provinciano, atípico e marginal no panorama dos meios internacionais de opinião pública. Outro vício não menos importante é a perversão injustificada que acabou se produzindo no jornalismo investigativo, da qual as cadeias televisivas fornecem a cada dia os mais lamentáveis exemplos. O gênero não pode ser uma desculpa para transformar jornalistas em espiões ou delatores. Tampouco em ladrões. A invasão indiscriminada da vida privada, cometida muitas vezes com falsos juramentos em nome da livre expressão; o recurso à utilização de métodos que, numa democracia saudável, devem ser objeto de caução e decisão judicial – como acontece com as gravações clandestinas; a incitação à prática de irregularidades e corrupções para em seguida denunciá-las; e a utilização do engano e da mentira como métodos de trabalho são coisas que permitem supor que alguns jornalistas — aqueles chamados de agressivos — estão convencidos de que os fins justificam os meios. E esta é a raiz e a essência do pensamento totalitário. Jamais deveríamos confundir o jornalismo investigativo, que exige trabalho, meticulosidade, rigor e tempo, com o jornalismo de delação, que equipara quem o pratica aos informantes da polícia e aos moleques de recado do poder. Se queremos que o jornalismo do futuro continue cumprindo o papel social que lhe compete, devemos fugir de semelhantes aberrações profissionais como quem foge da peste.

Desde que o rei dos persas, Dario I, matou o mensageiro que trazia a notícia da derrota de seus exércitos pelos gregos na batalha de Maratona (490 a.C), as relações entre o poder político e os que se dedicam a dar informações ao público têm sido marcadas por conflitos. Não há nada que irrite mais o príncipe do que o conhecimento da verdade, quando ela se opõe a seus fins ou impede seus propósitos. Isso explica por que a história da imprensa constitui uma longa série de confrontos com governos, juízes e outras instituições sociais. Nós, jornalistas, temos uma certa tendência a nos apresentar como mártires dessa situação e as nossas feridas visíveis seriam o melhor testemunho de nossa contribuição à batalha pela liberdade. As hemerotecas estão cheias de frases famosas que avalizam nosso critério, como o célebre dito de Jefferson: "Como o nosso sistema se baseia na opinião pública, entre um país com governo e sem jornais e um país com jornais, mas sem governo, fico com este último." O ilustre personagem fazia esta afirmação do alto de seu privilegiado cargo de embaixador em Paris, antes de assumir os rigores e prazeres do exercício do poder, que o levaram a execrar não poucas vezes os excessos e abusos que a imprensa cometia na crítica a seu governo. Esta relação ambivalente não é exclusiva dos políticos. Literatos, intelectuais e também muitos renomados jornalistas, depois de exaltar as sublimes funções dos jornais, acabaram por abominá-los. Kierkegaard, pai do existencialismo, costumava se queixar asperamente: "Se não fosse a imprensa, ousaria confiar em minhas próprias forças: mas é horrível que a cada semana ou a cada dia um único homem possa fazer com que, num instante, 40 ou 50 mil pessoas digam e pensem exatamente a mesma coisa. [...] Ai, ai, ai, a imprensa! Se Cristo voltasse ao mundo, Ele – assim como é certo que estou vivo – não teria como adversários os Sumos Sacerdotes, mas os jornalistas."* Comentário que certamente segue a mesma linha do que dizia Balzac em um famoso opúsculo: "Se a imprensa não existisse, seria preciso não inventá-la."** Os jornais e aqueles que se dedicam a fabricá-los mantêm relações tradicionalmente muito mal ajustadas não só com o poder político, mas com o poder em geral, em todas as suas manifestações, e frequentemente são maltratados por aqueles que desconfiam da natureza moral de seus procedimentos. A frase que inspira o título deste ensaio ilustra às mil maravilhas a suspeita e o espanto que a condição de jornalista provoca entre os bem-pensantes. Muitos de meus leitores ficariam surpresos se soubessem até que ponto a boa sociedade madrilenha ainda participa dessa rejeição. Mas entre as definições jocosas da profissão, minha preferida é a dos colegas italianos: "Trabalhar é pior."

Somente dentro do limite destes entendimentos e no marco da inquieta paixão pelas liberdades que o século XIX protagonizou, é aceitável e compreensível a suposição de que a imprensa é o quarto poder, frase que fez história e que nos persegue como um fantasma. O pior é que alguns acreditaram nela e se esforçam muito para lhe dar veracidade, tentando governar a partir das páginas dos jornais e exercendo todo tipo de pressões, manipulações e até chantagens sobre as diversas instâncias sociais, para que se comportem de acordo com as manias ou interesses dos que dirigem os jornais. Seria absurdo negar que representam algum tipo de poder, mesmo que seja apenas o de influir, sugerir, condicionar, mas não se trata de um poder verdadeiro, pois não é coercivo e não impõe

---

* Soren Kierkegaard, *Diário de um sedutor*, col. Os Pensadores, 2ª ed., São Paulo: Abril Cultural, 1984.

** Honoré de Balzac, "Monografia da imprensa parisiense", in: *Os Jornalistas*, Rio de Janeiro, Ediouro, 1999.

sua vontade. Por outro lado, há quem insista em dizer que se trata efetivamente de um verdadeiro poder, com enorme capacidade de destruição: talvez não possa erigir governos, mas pode derrubá-los; talvez não possa consolidar famas, mas suas potencialidades de difamar e insultar são quase ilimitadas.

De todo modo, embora ainda sejam importantes, os jornais são cada vez menos relevantes nas sociedades desenvolvidas. Sua ascendência ainda é grande entre as elites, mas à medida que as hierarquias sociais se esfumam, mudam de residência ou de lugar, o poder dos jornais, qualquer que seja ele, diminui para dar lugar aos novos fenômenos de comunicação eletrônica e audiovisual. Hoje em dia, ninguém mais pensa que a imprensa escrita seja mais decisiva que a televisão para ganhar uma eleição. O mundo da imagem tem uma formidável primazia sobre qualquer outro na hora de determinar comportamentos sociais, hábitos, gostos, modas, valores ou critérios aos quais uma comunidade recorre.

Hoje, já não basta a clássica análise das relações entre imprensa e governos ou imprensa e judiciário para adentrar na descoberta das transformações que o poder e sua organização social viverão em virtude dos novos meios de comunicação. Durante a Segunda Guerra Mundial, o rádio adquiriu uma grande importância como sistema de agitação de massas, e não foram somente o nazismo e o fascismo que o usaram fartamente com tal propósito. São memoráveis os discursos de Churchill pelas ondas do rádio, encorajando o povo britânico no momento dos bombardeios, ou os discursos do general De Gaulle à Resistência Francesa. Estas manifestações ressaltavam que o direito à livre expressão estava passando por transformações aceleradas em seu exercício por parte de cidadãos e dirigentes, estes últimos empenhados em transformar a comunicação em propaganda. Mas até então as sociedades democráticas ainda se mostravam satisfeitas com a estrutura institucional que foram capazes de construir, baseando-se no princípio da divisão dos poderes e no sufrágio universal, direto e secreto como método de eleição dos governantes: a imprensa livre era uma condição básica da liberdade de opção e da igualdade entre os cidadãos. Agora os tempos mudaram, e temos de definir novas formulações capazes de vincular a liberdade de informação com a sociedade do mesmo nome, pois as ameaças de censuras não vêm apenas da imposição de pressões externas aos meios de comunicação, mas também, e primordialmente, da organização e do comportamento da própria sociedade midiática.

São estes os pontos de vista a partir dos quais elaborei o presente livro, onde reúno diversos ensaios e conferências acerca do ofício de jornalista e um bom número de reflexões e diálogos, numa tentativa coerente de dar uma contribuição a uma matéria à qual dediquei minha vida. Não pretendo dar lição alguma, mas tento ser útil, com base na experiência, às novas gerações que hoje se aventuram numa profissão que é pasto frequente de vaidosos e oportunistas, embora sua fibra seja constituída pela humildade e pela reflexão. Espero que os jovens que desembarcam hoje nas redações aprendam que a melhor maneira de transformar o mundo é ajudar os outros a conhecê-lo.

A história de Watergate e de seus protagonistas pode nos servir para apreciar a difícil modéstia com a qual devemos exercer nossa tarefa, aprendendo a ficar longe dos faustos palacianos e a descer dos palcos e tribunas de onde o poder faz suas saudações. O êxito do *Washington Post*, sua contribuição para uma mudança de rumo na história política da humanidade, se deve sobretudo à perspicácia, aos contatos e à persistência profissional de um repórter dedicado à informação local com bons contatos na delegacia envolvida. Continuar a cultivar tais atributos é a obrigação primeira de quem desempenha este ofício. Todo o resto, a grande filosofia destas questões, o mundo das importâncias e reverências, a vaidade do triunfo e a pretensão do pensamento vêm depois, a reboque de uma lacônica e sóbria nota policial.

Gazetistas, gansos e trambiqueiros

Remexendo em minha biblioteca num momento de lazer, topei com um curioso volume sobre manchetes e notícias estapafúrdias, um desses livros que são publicados de vez em quando para comprovar a ignorância, a vulgaridade ou simplesmente a precipitação com que agem os que confeccionam jornais. A capa do volume reproduzia a primeira página de um jornal espanhol do interior, cuja notícia principal rezava: "Morre esmagado por uma pedra quando fazia amor com uma galinha." Junto à manchete, uma fotografia de má qualidade fornecia a prova inconstestável do ocorrido, no qual uma rocha de várias toneladas havia esmagado a existência de um pobre camponês no momento em que se dedicava à libidinagem com a poedeira. Pode-se pensar que o tema é uma visão marginal ou atípica da função do jornalismo, mas na realidade encaixa-se muito bem nas origens do mesmo. As notícias incomuns e absurdas sempre gozaram de um notável destaque desde o estabelecimento dos mais afamados precursores da história do jornalismo moderno: os *gazzetanti* venezianos ou os *canards* parisienses.

No século XVII, os gondoleiros vendiam uma *gazetta* ao preço da menor moeda da República vêneta: pequenas folhas manuscritas que divulgavam com singular promiscuidade fatos verdadeiros e falsos, pitorescos ou importantes, calúnias e denúncias, maledicências ou informes trazidos pelos comerciantes ligados à cidade e que se espalhavam boca a boca entre os mercadores, navegantes e trabalhadores do cais. Por sua vez, a etimologia do *canard* parisiense tem a ver com o nome que a gíria das gráficas cunhou para designar os panfletos ou folhas volantes nos quais os vendedores de boatos e fofocas imprimiam e divulgavam suas meias verdades ou suas mentiras completas. Muitas dessas histórias eram inacreditáveis, mas as pessoas gostavam e pareciam dispostas a aceitá-las com naturalidade, de modo que pagavam por elas o mesmo que pagariam a alguém que lesse suas mãos. Isso evidencia que os cidadãos, antes como agora, preferem a imaginação à verdade, para que esta última não venha incomodá-los mais que o necessário.

Algum tempo depois, os governos descobriram a utilidade propagandística das gazetas: reis e cortesãos começaram a prestigiá-las, outorgando a determinados súditos o privilégio de sua publicação e institucionalizando sua função. A palavra "gazeta" se santificou e universalizou, deixando de denominar uma moeda para dar nome aos periódicos impressos, embora o processo não tenha apresentado a intensidade necessária para evitar que os jornalistas irrelevantes, superficiais ou que fazem seu trabalho sem rigor informativo ainda sejam chamados de gazeteiros.

Em poucas palavras, a profissão jornalística tem ao mesmo tempo uma origem na canalhice e um pedigree régio, características que a acompanharam durante toda a sua história. Repórteres e colunistas não param de reivindicar sua pertinência ao povo simples, mas ao mesmo tempo lutam bravamente para participar dos prazeres e dignidades da corte. Habitantes permanentes dos palácios, somos considerados em seus corredores um bando de intrusos tão necessários quanto incômodos, sobretudo depois que os reis e a nobreza passaram a ser eleitos por sufrágio. Baseamos nossa força num curioso e não reconhecido exercício de populismo que nada tem a aprender com as manhas e os truques dos *gazzetanti* venezianos ou dos criadores dos *canards* parisienses, autênticos gansos que inundavam com seus grasnidos os arrebaldes da cidade.

Os boatos dos gondoleiros atraíam tanto os homens de negócios, quanto os intelectuais, que já haviam concedido a Heródoto o título de historiador, embora ele se permitisse inventar a existência de seres tão pouco dignos de crédito quanto um homem sem cabeça. O espírito de nossa profissão enlaçou-se assim, sem muito esforço, com nada menos que a mitologia romana e, algum tempo depois, alguém achou mais conveniente chamar os jornais de mercúrios. Mercúrio, assim como seu antecessor grego Hermes, era o deus romano do comércio e, consequentemente, o patrono dos mercadores e dos ladrões. No entanto, sobretudo em sua versão helênica, era também o mensageiro dos outros deuses e o protetor da eloquência, o que o transformou em seguida em patrono dos mentirosos e cúmplice dos caloteiros. Os primeiros mercúrios jornalísticos nasceram na Bélgica e na França em meados do século XVII. Em 1827, dom Pedro Félix Vicuña, junto com os tipógrafos Thomas G. Wells, norte-americano, e Ignacio Silva Medina, fundou *El Mercurio de Valparaíso*, antecessor direto do atual *El Mercurio* do Chile desde que foi comprado, em 1880, por dom Agustín Edwards. Este é, hoje, o mais antigo jornal de língua hispânica entre todos os que são publicados no mundo, embora a *Gaceta de Madrid*, título ostentado até pouco tempo atrás pelo Boletín Oficial del Estado Español, tenha sido fundada em 1661 e desempenhado, no século XVII, um importante papel nas conspirações políticas da época. No entanto, há algumas décadas deixou de ser um jornal no sentido atual para se transformar na revista que publica leis, decretos e ordenanças antes que entrem em vigor. Em janeiro de 2009, o governo decidiu parar de editá-lo em papel, limitando à difusão através da rede.

Não importa de que ângulo se olhe, o jornalismo moderno nasceu ligado ao dinheiro, bem ou mal ganho, e ao poder, bem ou mal exercido, mas também à literatura e, ainda que não seja mencionado com frequência, ao café e ao tabaco, drogas sublimes canonizadas por nossa civilização. Talvez o título mais melodioso de todo o exuberante panorama jornalístico italiano seja *Il resto del Carlino*, de Bolonha. Como no caso das gazetas, o título faz alusão, embora de maneira extremamente sofisticada, à moeda com que se adquiria o jornal. Seu preço era relacionado ao valor dos populares charutos toscanos, fumados nos cafés e salões da época. Um charuto custava oito cêntimos e os compradores costumavam pagar com uma moeda de dez cêntimos conhecida popularmente, na região de Bolonha, como "carlino", de modo que a tabacaria tinha de devolver dois cêntimos. Um esperto editor de Florença resolveu publicar um jornal com o título de *Il Resto del Sigaro* (O Troco do Charuto), estabelecendo que custaria os dois cêntimos que sobravam dos dez que o "carlino" valia. Os impressores de Bolonha o imitaram, mas decidiram chamar o jornal de *Il Resto del Carlino* (O Troco do Carlino), para dar identidade local à publicação. O resultado era que, por dez cêntimos, podia-se fumar um toscano e ler um diário de oito páginas, comodamente instalado em qualquer cafeteria da cidade, nos quais as notícias eram comentadas, as opiniões discutidas e as conspirações políticas ou literárias tramadas. Era exatamente o que acontecia no café que Benjamin Harris fundou em 1686, em Boston. Este vendedor de livros inglês chegou a Massachusetts fugido do rigorismo político da metrópole, onde foi condenado a uma multa de 5 mil libras por distribuir publicações sediciosas. Nos Estados Unidos, fundou uma livraria, além do citado café, e começou a distribuir no local uma publicação periódica com notícias e comentários de atualidade. *Publick Occurrences, Both Foreign and Domestick* foi o nome que deu a seu mercúrio de três páginas, editado sem a permissão oficial, motivo pelo qual as autoridades competentes proibiram imediatamente a publicação, da qual só o primeiro número viu a luz. De todo modo, Bernard A. Weisberger, historiador do jornalismo norte-americano, vê nele o criador de "um protótipo de jornalista americano – ativo, agressivo e independente –"* que se contrapõe ao estilo do chamado jornalismo de responsabilidade, encarnado pelo funcionário dos correios John Campbell, escocês de nascimento e fundador, em 1704, do *Boston News-Letter*, editado, naturalmente, com as devidas autorizações oficiais. Desde então, ser responsável equivale muitas vezes a ser submisso ou a divulgar o que a autoridade quer que seja divulgado. Embora a *correção política* em seu sentido atual ainda não tivesse sido inventada na época de Campbell, não há dúvida de que podemos encontrar nas façanhas deste ambíguo carteiro um precedente que serve para avalizá-la. A correção política equivale em muitas ocasiões à submissão ao poder, o que é um paradoxo do qual não fomos capazes de prescindir nos últimos duzentos anos: os jornais, que se vangloriam de suas habilidades críticas contra quem manda, nadam vezes demais nas babas da adulação.

Os produtos da pré-história do jornalismo se esforçavam muito mais em ser baratos do que em ser confiáveis, e o respeito de que gozavam não vinha necessariamente do fato de dizerem a verdade sobre as coisas, mas antes de sua relação com o soberano. Tinham uma grande vocação para adular e agradar seu público com histórias de seu interesse, truculentas

* Bernard A. Weisberger, *The American Newspaper Man* [O jornalista americano], University of Chicago Press, 1961.

algumas, macabras as outras, risonhas em menor número, mas todas com profundo conteúdo humano ou cheias de um ativismo político raivoso. Sabiam misturar com maestria singular o lazer e a conspiração, a defesa de valores sublimes, como a liberdade ou a revolta diante dos abusos, com as contas dos resultados de certos negócios que se revelavam realmente polpudos. Ao longo da história, isso fez com que os jornais se transformassem em verdadeiros microcosmos e suas primeiras páginas fossem como calidoscópios da vida, nos quais se misturavam as mais variadas formas de notícias e opiniões, desde golpes de Estado ou anúncios de grandes descobertas científicas até o conselho moralista de que não é conveniente fazer amor com galinhas e nem mesmo sexo sem amor, sob o risco de acabar morrendo esmagado.

Um provérbio inglês assegura que jornalistas são todos aqueles que andam pelas ruas, param, observam o que acontece e relatam aos outros, mas a fraseologia espanhola assinala que "nada é verdade nem mentira, tudo depende do vidro através do qual se olha". O apreço que se recebe por parte dos leitores depende, em grande parte, das formas de contar, da ênfase, dos adjetivos, da transparência e da objetividade. Acho que era Azorín – não me preocupei em verificar a citação – quem contava de um aspirante que, depois de pedir emprego como repórter, viu o redator-chefe mandar que fosse comprar charuto e fósforos – sempre o fumo associado à profissão – num local próximo. Quando o aspirante voltou, o redator jogou as compras na lixeira e ordenou: "Agora me conte o que viu enquanto executava sua tarefa." Os dotes de observação são fundamentais na atividade jornalística, mas não são, no entanto, uma característica específica. Os espiões, os policiais e os romancistas costumam prestar mais atenção do que nós às anedotas, o que ajuda a melhorar sua produtividade e os torna mais eficientes na hora de investigar as coisas a fundo. Seja pela incapacidade dos narradores ou por sua malevolência, o jornalismo nasceu ligado à ficção, às deformações mais ou menos interesseiras da realidade e à interpretação dos fatos de acordo com poderes que transcendiam o ofício. Isso o predispunha, já em sua primeira infância, à convivência com a civilização do lazer, com o mundo do espetáculo e, da mesma forma, com os elementos do romantismo e do patriotismo que, no decorrer do século XIX, participaram da criação de consciências coletivas e identidades nacionais. A implantação dos jornais de dois tostões nos Estados Unidos e a invenção da rotativa impulsionaram a popularidade dos jornais, que passaram de uma tiragem de 8 ou 10 mil exemplares, no melhor dos casos, a cifras muito superiores a 100 mil. Os *patinhos parisienses* se transformaram em autênticos bandos de *gansos* que despertavam a avidez dos políticos e a paixão das pessoas. A última guerra colonial da Espanha no século XIX, que se encerrou com a perda de Cuba, Porto Rico e das Filipinas, foi um conflito fundamentalmente agitado pelas colunas dos jornais de Hearst, que não hesitavam em manipular e mentir o quanto fosse preciso para exaltar o ânimo patriótico dos norte-americanos em sua solidariedade com os rebeldes da pérola do Caribe. Os métodos do cidadão Kane, em seu ensaio precoce de capitalismo selvagem aplicado à imprensa, não se diferenciavam muito dos que, décadas antes e em questões completamente distintas, foram aplicados por Karl Marx como diretor da *Nova Gazeta Renana*. "A constituição que regia a redação do periódico", conta Friedrich Engels,* "reduzia-se simplesmente à ditadura de Marx. Um grande jornal diário, que tem de sair numa hora certa, não pode defender seus pontos de vista

* Engels, Friedrich, "Marx e a Nova Gazeta Renana", in Marx/Engels, *Obras Escolhidas*, vol. 3, São Paulo, Alfa-ômega, s.d.

consequentemente com outro regime que não seja este". A verdade é que, já então, a democracia interna tinha mais a ver com as redações dos jornais do que com as direções dos partidos políticos. Na *Gazeta*, Marx dedicou-se a agitar as águas da Revolução Alemã e a promover a guerra com a Rússia. Como os jornalistas de Hearst, os seus eram redatores, mas também combatentes. Na redação do jornal havia oito fuzis com baionetas e duzentos cartuchos, além dos gorros frígios dos tipógrafos. A diferença mais notável entre as duas experiências é que Hearst criou um império jornalístico que perdura até hoje, e a *Gazeta Renana* durou apenas um ano. Mas sua lição foi bem aprendida por Lenin que, desde a publicação do *Iskra*, no exílio, compreendeu que um jornal era o melhor agitador coletivo que se podia imaginar e o melhor organizador político também. A história da imprensa está, portanto, intimamente ligada à das guerras e das revoluções, sem necessidade de aprofundar muito suas motivações. Os movimentos de massa eram seu campo, pois era à massa que os jornais se dirigiam e os responsáveis por sua confecção compreenderam desde o início que o amor e a morte, o sexo e o sangue sempre foram as grandes verdades que comoveram a humanidade, independentemente de raças, religiões ou classes sociais. Em seu recente e luminoso livro sobre Camus,* Jean Daniel, fundador do *Nouvel Observateur*, conta que, no começo dessa aventura, Sartre lhe disse: "Não hesitem em falar de sangue e sexo. É o que agrada aos burgueses e provoca sentimentos de culpa."

Quando Orson Welles estreou o seu *Guerra dos Mundos* nos estúdios da RKO-Radio de Nova York, já tinha experiência profissional suficiente para construir suas reportagens à

---

* Jean Daniel, *Camus. A contracorriente* [À contracorrente], Barcelona, Galaxia Gutenberg/Círculo de Lectores, 2008.

maneira dos grandes dramas shakespearianos ou dos roteiros de Hollywood. Os jornais vinham inventando métodos para comover as consciências de centenas de milhares de leitores havia séculos. No entanto, alguns dos que ligaram seus rádios um pouco depois do início da narração do famoso programa sobre a guerra entre planetas pensaram que estavam ouvindo a uma reportagem acerca de um fato real, de modo que não faltou quem se jogasse pela janela, dominado pelo terror. De todo modo, este era um costume relativamente comum nos Estados Unidos da época, amplamente praticado, sobretudo no período da grande depressão econômica de 1929. Oito décadas depois, o mundo sofreria uma crise financeira e produtiva singularmente pior, mas o hábito de pular da varanda de casa desapareceu.

Welles demonstrou como era fácil confundir realidade e ficção, verdade e mentira nos chamados meios de comunicação de massas e como a informação tinha chegado perto do espetáculo, embora desde o começo dos tempos, como vimos, estes elementos tenham sempre convivido em harmonia. O surgimento dos sistemas radiofônicos, e depois da televisão, teve efeitos políticos insuspeitados. Os tronos e domínios desta terra descobriram que, mais uma vez, sua intervenção se fazia necessária, em forma de permissão prévia ou concessão administrativa, na hora dos cidadãos exercerem a liberdade de expressão. Em razão ou sob o pretexto da pouca amplitude do espectro radiofônico, estabeleceu-se um sistema de concessão de frequências e canais que limitava as operações em rádio e televisão àqueles que obtivessem uma licença. Foi como se os burocratas modernos tivessem ressuscitado a virtualidade das cédulas reais concedidas antigamente para o *imprimatur* dos jornais. Muitos governos que se vangloriam de ser democráticos administram essas concessões da mesma forma, premiando os amigos e castigando os inimigos a seu bel-prazer.

À margem de tais considerações, o surgimento da televisão na vida dos cidadãos foi marcado pelos mesmos signos que marcavam o jornalismo primitivo: relações contraditórias com o poder político e econômico, de um lado, e a tendência moderna de mergulhar no culto ao corpo em todas as suas manifestações, do outro. A Feira Mundial de Nova York, de 1939, foi a ocasião escolhida pela NBC para que o presidente Roosevelt saudasse da telinha os nova-iorquinos, que puderam vê-lo num dos 150 receptores espalhados pela cidade. Nos dias seguintes, algumas partidas de beisebol e uma luta de boxe foram as estrelas das transmissões da nova invenção. Desde os primórdios, o esporte se definiu como um dos poderosos motores capazes de desenvolver o mundo da comunicação. Na atualidade, junto com a pornografia, ele é o mais formidável impulsor das tecnologias avançadas.

O aparecimento dos meios eletrônicos e audiovisuais causou na época um alarme considerável entre os jornalistas e seus empresários, diante da eventualidade de serem abandonados pelas graças do público. Os jornais se esforçaram para encontrar seu novo papel, ao mesmo tempo em que tentavam conservar uma função emblemática. Convertidos em bandeiras de ideologias, posições políticas ou reivindicações populares, aperfeiçoaram seus sistemas de impressão e distribuição, incorporaram primeiramente a fotografia e depois a cor, mantiveram preços relativamente moderados e descobriram sua missão explicadora das notícias e difusora de opiniões. Proclamaram-se paladinos do pluralismo frente à pequena variedade da oferta televisiva que, em muitos países e durante muito tempo, foi controlada de forma monopolística – pública ou privada – e mergulharam nas fórmulas do novo jornalismo, que produziu escritores tão espetaculares quanto Capote ou García Márquez, e do jornalismo investigativo, que provocou a ira, o descrédito e a demissão do presidente Nixon no caso Watergate. Naturalmente, a tiragem e a difusão não cresceram de maneira proporcional ao aumento da população, os jornais vespertinos desapareceram quase totalmente, substituídos pelos novos meios, e a publicidade encontrou novas formas de expressão mais poderosas que os jornais. No entanto, apesar das dificuldades e ainda que, já nos anos 60, 80% dos cidadãos ficassem sabendo das notícias por meio da televisão, a imprensa escrita descobriu que, na realidade, os meios de comunicação, todos eles, eram complementares e, portanto, não havia razão para pânico. Todos teriam o seu lugar ao sol.

Com os novos sistemas, a profissão jornalística tornou-se mais multidimensional que nunca. Continuou enraizada nos terrenos da política, tendo em vista que a política estava e está cada vez mais ligada à área midiática, mas potencializou suas características de entretenimento e aventura. Na era vitoriana, os jornais ingleses financiaram custosas expedições à África negra, geralmente em associação com sociedades geográficas ou clubes de historiadores, e desde meados do século XIX, os correspondentes de guerra proliferaram. A invenção das tecnologias modernas reforçou estes aspectos temerários da profissão, ao mesmo tempo em que gerava novas profissões ou subdivisões dentro do próprio ofício de jornalista, que passou a ser tanto o profissional que recebia telegramas ou escrevia obituários numa redação, quanto aquele que saltava de paraquedas em qualquer país em conflito, armado apenas com uma câmara e uma esferográfica. Mas um aspecto da natureza profunda de nosso trabalho permaneceu imutável, ou seja, a dualidade de ser exercido por habitantes dos palácios, mas fora de suas muralhas — ou talvez fique melhor ao contrário: por plebeus espertos que penetram nos corredores da corte.

Em meados da década de 1970 e começo dos anos 1980, grandes novidades tecnológicas começaram a revolucionar as técnicas de impressão e distribuição. Os jornais abandonaram os caracteres de chumbo e incorporaram a edição eletrônica. Invenções que revolucionaram a vida da imprensa, como a linotipia ou a estereotipia, e que provaram sua utilidade por mais de um século, tornaram-se obsoletas em menos de uma década. Com a implantação de tais maravilhas, os grandes jornais continuaram a fazer parte do complexo industrial dos países, mas abandonaram suas características de indústria pesada, baratearam seus custos de produção e limitaram suas necessidades de pessoal. A evolução dos satélites artificiais permitiu também que ampliassem seu campo de ação no mercado. Em razão de sua própria origem, a imprensa sempre fora um fenômeno local ou, no máximo, nacional, nos Estados médios ou pequenos. Dada a sua importância na configuração da opinião pública e na criação e sustentação das identidades coletivas, a distribuição dos jornais recebia inúmeros subsídios públicos na maioria dos países. Tarifas subvencionadas nos correios e até trens e aviões especiais que ajudavam a disseminar um produto considerado de primeira necessidade por todos os regimes: nas democracias, porque se baseiam na opinião pública; nas ditaduras, porque se apoiam em sua manipulação e transformação em propaganda. Os satélites mostraram que podiam ser úteis não somente para a transmissão da televisão para as antenas de TV a cabo ou diretamente para os lares dotados de antenas parabólicas, mas também para a difusão dos sistemas de impressão e publicação dos jornais a distância. Isso permitiu que um jornal minoritário como o *Wall Street Journal*, de Nova York, se transformasse no jornal de maior tiragem dos Estados Unidos, com cobertura nacional, ou que o *International Herald Tribune* de Paris se gabasse de ser um jornal verdadeiramente global, com edições nos cinco continentes.

A televisão avançava por caminhos semelhantes, e os Jogos Olímpicos de Moscou, em 1980, foram uma grande oportunidade que a CNN usou para se transformar na primeira cadeia planetária de notícias. Pouco depois, por ocasião da Guerra do Golfo, sua supremacia mundial como fonte de informação nas crises mundiais foi comprovada. E quando os governos de Washington e Londres – com o vergonhoso apoio do desgoverno então instalado em Madri – resolveram ocupar o Iraque, comprovamos até que ponto as guerras do futuro vão mudar estratégias e significados em virtude de sua transmissão direta pelas televisões do mundo inteiro. Nunca antes dessa data, um conflito bélico tinha sido narrado com o detalhe e a crueza vistos nas imagens da tomada de Bagdá. Centenas de jornalistas puderam contar a tragédia tanto do ponto de vista dos vencedores, quanto do ponto de vista das vítimas. A rejeição ativa da opinião pública europeia à política ianque baseou-se em grande medida no esforçado sacrifício profissional dos correspondentes deslocados para o cenário dos acontecimentos. Mais de vinte deles pagaram com a vida o serviço prestado aos cidadãos. Foram eles que escreveram as melhores páginas de heroísmo num conflito que nunca deveria ter ocorrido.

Porém o mais notável ainda estava por vir. Em 1993, o governo dos Estados Unidos promoveu uma política de liberalização nas telecomunicações que propiciou a extensão da internet a partir da abertura das antigas redes de inteligência, defesa e investigação para o mundo inteiro. Quando Bill Clinton assumiu a presidência, havia apenas algumas centenas (talvez menos) de páginas na rede. Hoje elas podem ser contadas em milhares de milhões. O uso da linguagem do hipertexto não aconteceu antes de 1989, e os primeiros navegadores só apareceram no mercado no início dos anos 90. Em menos de uma década, o crescimento da utilização da internet foi explosivo, e o desenvolvimento da rede aconteceu numa velocidade que não admite comparação com o tempo de implantação das novidades tecnológicas que a precederam. Surpreendidos mais tarde pelo estouro da bolha digital nos mercados de valores, alguns chegaram a pensar que eram exageradas as expectativas em torno do impacto que a rede de redes supunha no comportamento da economia, da informação e das comunicações mundiais. Mas o aventureirismo financeiro de alguns *brokers*, ávidos de enriquecer rapidamente, não deve nos confundir na hora de fazer previsões. Mais uma vez, o desastre financeiro que atravessamos atualmente, a primeira crise econômica global, segundo a definição que recebeu, tem tudo a ver com a implantação dos sistemas digitais em escala mundial. A sociedade digital, cujo paradigma mais evidente vem do modelo da internet, está revolucionando todos os nossos comportamentos, tanto individuais, quanto sociais, e representa o começo de uma verdadeira nova civilização. Como no caso dos voos transatlânticos, a rapidez com que o processo se gera só é perceptível quando olhamos para trás e contemplamos o curto espaço de tempo empregado no trajeto.

A sociedade **digital**, também conhecida como sociedade da **informação** ou do **conhecimento**, está influenciando poderosamente o jornalismo e todas as suas diversas manifestações. Para compreender imediatamente o que a rede significa, basta explicar que hoje em dia toda a informação disponível no mundo está nela, ao alcance, em princípio, de qualquer cidadão conectado ao sistema e que tenha as habilidades e capacidades necessárias para usá-lo. O velho sonho da biblioteca universal parece estar se realizando: todo o saber colecionado, arquivado e ordenado à disposição dos usuários. Além disso, trata-se de um saber dinâmico, interativo, dialético, em contínua expansão graças à intervenção destes mesmos usuários. Um fato como esse torna antiquado o provérbio que diz que quem tem a informação, tem o poder, pois a informação se transformou quase num bem sem dono ou num bem público a serviço e à disposição do comum dos mortais. Esta minha reflexão, feita no decorrer de uma conversa com Felipe González que deu origem a um livro de sucesso, justifica outra ainda mais séria do ex-primeiro-ministro espanhol: "Não somos capazes de compreender – disse ele – que a informação em si já não é um poder, mas sim a administração e a coordenação razoável da informação a fim de obter resultados operativos. A liderança não é demonstrada pelo fato de dispor de informação, mas pela capacidade de produzi-la e utilizá-la."*

Um ambiente semelhante tem necessariamente que afetar a função e as condições do jornalismo. Se a informação não é poder, isso se deve, entre outras coisas, à imensa fartura de dados e notícias que existe em nossa sociedade, ao bombardeio incessante dos cidadãos pelos jornais, pelas emissoras de rádio e televisão e pela internet, com fatos que eles mal compreendem e cuja importância para sua vida cotidiana muitas vezes desconhecem. Uma maior quantidade de informação não significa necessariamente uma melhor informação e talvez este seja o caminho para descobrir algumas das novas missões do jornalismo como mediador entre sociedade e indivíduos: a análise, explicação e seleção dos fatos; o descobrimento dos dados que existem, são públicos, mas ninguém conhece, pois estão ao alcance de todos, embora ninguém saiba como chegar até eles.

---

* Felipe González e Juan Luis Cebrián, *El futuro no es lo que era* [O futuro não é o que era], Madri, Aguilar, 2002, p. 205. (N. da T.)

De certa forma, as tecnologias avançadas nos devolvem à pré-história do jornalismo. Na sociedade da informação, os *canards* parisienses e os *menanti* ou *gazzetanti* venezianos agiam livremente. Na rede, as notícias se misturam a boatos, enganos e fantasias, custam menos que uma *gazzeta*, pois são oferecidas gratuitamente e buscam apoio econômico em práticas da antiguidade clássica. Como Horácio, aspiram ao mecenato de algum imperador, mesmo que ele tenha a aparência de uma garrafa de Coca-cola. Descobrimos também o retorno aos tempos épicos do jornalismo, nos quais um único homem com uma pena e uma resma de papel se dispunha a desafiar o mundo. Foi assim que nasceu o *Herald*, em Nova York, na primeira metade do século XIX (1835), graças à vontade de seu fundador James Gordon Bennett, que fazia as vezes de repórter, diretor, caixista, tipógrafo, distribuidor, agente de publicidade e especialista em mercadologia. A rede permite a existência do jornal feito por um único redator e dirigido pessoal e especificamente a um único leitor, pois propicia a personalização da informação, a maximização da especialização, a convergência entre o produtor e o receptor da informação.

Alguns se perguntam com certa angústia sobre o futuro de livros e jornais de papel, para os quais Bill Gates tem previsto uma sobrevida de muito poucos anos. Mas ainda é cedo para estabelecer previsões desse tipo, relacionadas não apenas com os avanços da tecnologia e com as demandas de racionalidade econômica ou ambiental, mas também e sobretudo com os hábitos dos consumidores e com as infraestruturas sociais. Mas não deve haver lugar nem para o temor, nem para a desesperança. Afinal, não será melhor ler numa tela de cristal líquido, flexível, bem iluminada, com letras grandes e capacidade de estabelecer vínculos com outros temas através do hipertexto do que fazê-lo numa folha de papel com cara de velho, mal-impresso e cheio de imperfeições? A questão fundamental não reside no suporte da informação – ao contrário do que previa McLuhan –, mas na própria informação. Dado que um diário na rede não é um diário, pois não sai todo dia, mas se renova a cada instante; dado o fenômeno irrefreável da convergência entre texto, vídeo e áudio, facilitado pelas novas tecnologias; dado que o mercado se tornou global, planetário e a realidade é tão paradoxal que permite que cada um se dirija individualmente, mas ao mesmo tempo, a milhões de pessoas, sem fronteiras geográficas ou temporais que sirvam de obstáculo, o exercício de nossa profissão vai mudar de forma substancial: já está mudando, aliás. No retorno ao primitivismo de nossa espécie, talvez possamos descobrir um sinal do futuro que nos espera, inspirando-nos no que o futuro foi ou poderia ter sido para a antiguidade; mas também podemos suspeitar, usando as palavras de Paul Valéry, que o futuro já não é o que era e que a humanidade penetra a cada dia num mundo desconhecido e surpreendente para ela, no qual é preciso começar a construir tudo quase desde as fundações.

Esta é, afinal, a sensação que o ataque terrorista às Torres Gêmeas de Nova York produziu em muitos de nós. Um fato que centenas de milhões de pessoas em todo o mundo assistiram ao vivo nas telas de suas televisões. Um drama inigualável que, por alguns instantes, adquiriu os tons e representações dos melhores e mais incríveis roteiros de Hollywood, só que neste caso as milhares de vítimas eram reais, como reais são as vidas ceifadas pelas bombas no Afeganistão, no Iraque ou nas estações de Madri e Londres. Existe metáfora maior da globalização da informação, da globalização da economia, da globalização do poder, da guerra e da paz, do terrorismo e do medo, do que os fatos de 11 de Setembro em Nova York e Washington e as horríveis sequelas que causaram? Mas o que fazer como jornalista neste mundo inundado pelo reinado da imagem e pelos tambores da propaganda? Alguns se preocupam, não sem razão, com as tendências autoritárias que podem ser vistas hoje nas democracias mais antigas, com seus cidadãos constrangidos e aterrorizados pela escorregadia e insidiosa ameaça do terrorismo. Vozes ecoam a todo momento a favor da autocensura nos meios de comunicação ocidentais, quando não da pura e simples censura. Estamos diante de uma opção difícil entre os elementos de segurança e liberdade que as populações demandam, um equilíbrio instável em qualquer democracia e que, num momento dado, inclinou sua balança a favor da segurança, pois os cidadãos do maior império da história sofreram um ataque indiscriminado e letal. Chamam atenção as diferenças na utilização das imagens pelas televisões dos Estados Unidos e pela árabe Al Jazira, a grande revelação do jornalismo global nas crises recentes. As primeiras tiveram um cuidado especial em não utilizar a dor alheia e os corpos destroçados e sem vida dos que estavam nas Torres Gêmeas no momento do ataque para inflamar as consciências cidadãs. A televisão de Qatar, tanto durante as guerras do Afeganistão e do Iraque, quanto durante a crise de Gaza no Natal de 2008, não parou de emitir matérias que destacavam o sofrimento de crianças e velhos. Corpos mutilados, que jaziam em meio à pobreza extrema golpeavam diariamente a consciência dos telespectadores. Onde fica esta linha sutil que separa a propaganda do dever de informar; a submissão ao poder legítimo em tempos de crise, do direito à liberdade de expressão? Por mais que se possa e se deva fazer críticas aos excessos cometidos nos Estados Unidos, não posso deixar de elogiar o senso de responsabilidade que seus meios de comunicação exibiram por ocasião do 11 de Setembro, assim como protestei e protesto contra as toscas manipulações a que as grandes cadeias de televisão submeteram os telespectadores durante a guerra do Iraque. Na Espanha, a dor das vítimas do terrorismo foi e é constantemente utilizada pelos meios de comunicação para sensibilizar a opinião pública a respeito de determinadas políticas, absolutamente discutíveis. Sei o quanto é delicada a questão e como é difícil generalizar. Mas esta é uma boa ocasião, em todo caso, para a reflexão, para a autocrítica, mais do que para a acusação ao próximo. E é igualmente uma oportunidade de rever as origens de nossa profissão, nas quais também está inscrito o seu destino. Talvez assim possamos começar a descobrir como há de ser o jornalismo que nos espera no futuro; como há de ser o jornalismo nos novos tempos do cólera.

Liberdade para o bem

No verão de 1962, comecei a trabalhar como jornalista profissional, aproveitando a oportunidade que a Escuela Oficial me oferecia de fazer um estágio em algum jornal. Escolhi o *Pueblo*, um vespertino que era porta-voz dos sindicatos franquistas, dirigido por Emilio Romero, cujos dotes de polemista até a oposição ao regime reconhecia e cujos famosos galinhos faziam tremer a opinião pública. Ah, sim, "galos" era como ele mesmo chamava seus artigos, que estampavam junto ao título a imagem do rei dos galináceos vivos – ainda não conhecíamos o famoso coronel do Kentucky Fried Chicken –, num exercício memorável de arrogância, como quem dá a entender que era ele quem cantava as verdades ao despontar da aurora, coisa que deveriam fazer todos os que pretendem ser os donos do galinheiro.

A primeira coisa que vi ao entrar na redação do jornal foi uma pesada máquina de escrever voando. Tinha sido lançada pelo crítico de cinema contra o cronista municipal, que teve sorte e agilidade suficientes para se esquivar do golpe. O motivo da briga tinha sido um comentário malcriado do repórter da administração municipal a respeito do diretor do jornal.

Pude concluir duas coisas de imediato: que ele era um indivíduo controvertido até dentro de casa e que aqueles que ousassem tornar tal controvérsia pública corriam o risco de morrer esmagados por uma Underwood.

Como estava dizendo, corria o ano de 1962 e Emilio Romero já era o jornalista mais importante do franquismo. Apenas o mito gigantesco de dom Manuel Aznar Zubigaray – avô daquele que mais tarde se tornaria primeiro-ministro da Espanha pelo Partido Popular (PP) – podia competir com ele. A diferença entre eles residia no fato de que dom Manuel deu um jeito de usar o jornalismo como trampolim para a diplomacia e os salões do palácio, enquanto Romero fez questão de, até o fim de seus dias, não ser outra coisa além de jornalista, talvez porque tenha entendido que os decanos do regime não iriam oferecer mais que isso a um desclassificado como ele. À frente do órgão dos sindicatos verticais, fez muita coisa para renovar e modernizar o jornalismo de sua época, tarefa para a qual sempre contou com a inestimável ajuda de seu redator-chefe, Jesús de la Serna. Abriu o jornal para as novas gerações, fomentou a reportagem de rua, interessou-se pela renovação tecnológica da empresa e deu espaço para uma certa "dissidência dentro da ordem", o que permitiu que seu jornal fosse identificado como porta-voz de uma singular esquerda operária do regime, totalmente inaceitável para a oposição à ditadura, mas muito incômoda, ao mesmo tempo, para a direitona católica. Meus primeiros seis anos de jornalismo ativo foram exercidos sob sua direção. Ele e eu sabíamos que, em questão de ideias políticas, pensávamos de forma bem diferente, o que não impediu que, antes mesmo que eu completasse minha maioridade legal, ele me nomeasse redator-chefe das páginas locais, nas quais militava o maledicente cronista que salvou sua vida da agressão do crítico. Mais tarde, e pelo período de alguns poucos meses, encomendou-me a chamada Terceira Página, onde permitia que escrevessem – até onde as autoridades competentes aceitassem – membros do então clandestino Partido Comunista, padres pós-conciliares, como Juan Arias, atores rebeldes como Marsillach e alguns outros opositores do franquismo. Tinha fama de autoritário, nepotista e egocêntrico, mas em meu caso, permitiu que realizasse meu trabalho e me defendeu quando os subterrâneos do regime quiseram me atacar. Diante do servilismo que não poucos de seus colaboradores exibiam, pude comprovar que sua imensa vaidade era muito mais suscetível à dialética do que à submissão. Talvez por isso, mantivemos boas relações durante anos, inclusive quando, no período da transição política, suas opiniões começaram a se confundir extravagantemente com as dos militares que acabaram tramando o golpe de Estado de 23-F (23 de fevereiro de 1981). Pouco viajou para fora da Espanha, em parte por sua conhecida aversão aos aviões e sua comprovada incapacidade para idiomas estrangeiros, de modo que acabou por se converter no representante de um casticismo intelectual muito do agrado da direita de nosso país, em cujas fileiras militaram colunistas tão populares quanto Francisco Umbral.

Emilio era um escritor temível, de prosa arrogante e opiniões afiadas, bom para os jornais, embora nem tanto para a literatura. Gozou durante muito tempo da proteção do ministro Solís, o sorriso do regime franquista, desfrutou da amizade de Juan Domingo Perón, frequentou alguns intelectuais que regressavam do exílio e se esforçou para colocar seu jornal e sua pessoa no centro da crônica social e dos sucessos da cena teatral, para os quais contribuiu com um bom punhado de textos de dramaturgia medíocre. As marquesas, os jogadores de futebol, os embaixadores, os toureiros, as dançarinas e atrizes da moda, os banqueiros, os poetas malditos e os repórteres famosos disputavam sua amizade e requisitavam sua intervenção. Foi generoso com todos e, só ocasionalmente, vingativo com alguns. Transformou o *Pueblo* num autêntico celeiro de novos jornalistas, e ser como ele acabou se tornando a ambição de muitos jovens profissionais, deslumbrados como estavam pelo brilho de sua estrela, que começou a se apagar durante os anos complexos da Transição espanhola. Descobrimos então que o mito de Romero, apesar de tudo o que foi dito, não passava de uma fábula, como tantos outros de seu tempo.

A questão era que nem ele, nem Manuel Aznar nem ninguém poderia ter levantado muito a crista, pois a imprensa franquista esteve subordinada durante décadas a uma lei de emergência promulgada em plena Guerra Civil – abril de 1938 – que em seu artigo primeiro declarava textualmente: "Cabe ao Estado a organização, vigilância e controle da instituição da Imprensa jornalística." De modo que por mais que se adornasse de plumas, levantasse o tom do *cocoricó* e alvoroçasse as galinhas, naquela época ninguém podia dizer nada de nada neste país se não fosse conveniente para quem estava no alto. A Lei de Imprensa de 38, que nasceu com vocação de provisoriedade, segundo seus redatores, não era uma improvisação. Correspondia ao espírito totalitário dos rebeldes que pegaram em armas contra a República e a uma concepção estritamente fascista da vida, à qual a Igreja se incorporou em seguida, dando lugar ao nascimento daquilo que entre nós se denominou nacional-catolicismo e que compunha medularmente a espinha dorsal da ditadura.

> É hoje que se pode declarar autêntica e solenemente a liberdade de Imprensa – informava o preâmbulo do decreto que encabeçava a norma. Liberdade integrada pelos direitos e deveres e que jamais poderá desembocar naquela libertinagem democrática, em virtude da qual foi possível pôr em discussão a pátria e o Estado, atentar contra eles e proclamar o direito à mentira, à insídia e à difamação como sistema metódico de destruição da Espanha, escolhido pelo rancor de poderes ocultos.

Os apóstolos da nova pátria colocaram em ação uma complexa burocracia destinada a cumprir com eficiência a ordem recebida: organizar, vigiar e controlar os jornais. A partir do Ministério do Interior, no início, da Educação, mais tarde, e instituindo finalmente o Ministério da Informação, em 1951, os funcionários do regime dedicaram-se com estusiasmo ao cumprimento da tarefa encomendada, multiplicando os organismos censores e fazendo uso habitual das "determinações". Elas, mais além da censura, permitiam não somente evitar que se publicasse algo inconveniente, mas garantiam também que as diretrizes do comando fossem transmitidas à opinião pública. "Com objetivo de preparar o ambiente público para as próximas decisões do governo sobre os preços e o barateamento da vida", indicava uma nota de agosto de 1946, "o jornal de sua digna direção deverá publicar um artigo editorial referente, em geral, à importância que a questão tem para a nação, artigo este que será confeccionado de acordo com a minuta que transcrevo em seguida". E em seguida, o mandante de turno indicava uma série de eventuais manchetes e palavras de ordem destinadas ao uso do editorialista, entre as quais não resisto a destacar esta: "A vida cara supõe um cultivo das mesquinhas ambições de aproveitadores."

Os diretores dos jornais tinham uma motivação evidente para dar ouvidos a semelhantes determinações, pois eram nomeados pelo governo e não pela empresa proprietária do jornal, fosse esta pública ou privada, um costume legal ao qual publicações de enorme tradição e nobreza logo se conformaram e que só seria revogado em meados dos anos 1960. Ou seja, com a inevitável erosão do tempo e as diversas acomodações à história que o franquismo praticou, este era o rançoso caldo de cultura do jornalismo espanhol quando cheguei à redação do *Pueblo*. Dom Gabriel Arias

Salgado, um circunspecto personagem, vívida encarnação do inquisidor Torquemada, inflamado de um fanatismo autoritário tão particular, tão pessoal que transformou seu sobrenome numa espécie de marca registrada do obscurantismo espanhol. Dizem que foi o autor da famosa frase: "Toda a liberdade para a verdade, nenhuma para o erro", coisa que não pude averiguar devidamente antes de usar a citação, embora tenha comprovado, em troca, uma afirmação muito semelhante do antigo superior de dom Gabriel, dom José Ibáñez Martín, que foi ministro da Educação nos anos 40 e declarou repetidas vezes sem nenhuma inibição: "A verdadeira liberdade é a que tem como única ordem o serviço da verdade." Bem e verdade, verdade e bem eram coisas que cabiam às autoridades competentes definir.

Os aspectos terroristas e cruéis com os quais, de ordinário, evocamos os anos da ditadura nos fazem esquecer às vezes o lado paternalista do regime, além de certas conotações hilárias. As determinações e a censura se organizaram para tapar as bocas e doutrinar politicamente, claro, mas não faltaram burocratas bem-intencionados que tentavam, como no caso do comentário sobre a carestia da vida, dar lições morais ou deontológicas a todos nós, jornalistas e cidadãos, com o intuito, quem sabe, de salvar nossas almas. Ainda em 1965, sendo ministro da Informação dom Manuel Fraga Iribarne, uma circular de seu departamento advertia que "dentro do âmbito da informação desportiva, os princípios de ética profissional exigem dos jornalistas e consequentemente dos diretores que os temas tratados nas páginas a ela dedicadas o sejam igualmente de maneira desportiva. [...] é preciso extremar-se o cumprimento de um dos deveres do jornalista: serenar as paixões, e não excitá-las". Na realidade, esta nota, que resgatei para a história graças a um excelente estudo de Manuel Fernández Areal,* reconfirmava uma outra de uma década atrás, que assinalava textualmente que na hora de escrever sobre futebol só se podia narrar a partida e não os incidentes alheios ao jogo e que ficavam igualmente proibidas as manifestações concretas que, mesmo referindo-se à prática do balípodo, poderiam derivar em outras controvérsias, como o uso das expressões "patada traiçoeira ou jogo subterrâneo e, em geral, tudo aquilo que possa inflamar ou exacerbar as paixões entre as várias regiões espanholas".

O zelo e a paixão com que os censores se aplicavam à sua missão afetavam também, e sem inibição, tanto a gramática quanto o uso do dicionário. Em certa ocasião, os serviços do sr. Arias Salgado enviaram uma "nota de inserção obrigatória, na primeira página e em negrito", na qual narrava a chegada do caudilho a um povoado da Espanha, acrescentando o expressivo detalhe de que os sinos da paróquia começaram a dobrar em sinal de alegria pela visita. Avisado o burocrata em questão de que, fosse como fosse, os sinos deveriam na verdade repicar, pois só dobram quando se trata de um morto, ele bateu o pé, decidido a impor sua autoridade e no dia seguinte a nota foi publicada assim mesmo pela imprensa. A anedota fez com que algum poeta ocasional redigisse uma trova que fez sucesso na tradição oral do jornalismo espanhol:

> O dobrar que é toque sério,
> pode sê-lo de otimismo,
> se o ordena o ministério
> de Informação e Turismo.

---

* Manuel Fernández Areal, *Evolución del concepto de libertad de prensa desde la ley de junio de 1938 hasta la Constitución de 1978* [Evolução do conceito de liberdade de imprensa desde a lei de junho de 1938 até a Constituição de 1978].

Apesar de seu desvario intelectual, a censura funcionava como uma máquina burocrática quase perfeita. Os jornais precisavam de autorização governamental prévia para serem publicados, os diretores eram nomeados pelo ministro e qualquer coisa que saísse na imprensa – notícias, fotos ou publicidade – tinha que passar previamente pela revisão dos serviços oficiais que carimbavam as provas impressas atestando o fato. Nas redações sempre existia alguém conhecido como agente da censura. Em permanente contato com a mesma, seu emprego consistia em comprovar o envio e a recepção das provas e em arquivá-las durante meses ou até anos, como comprovante regulamentar para eximir os diretores de responsabilidade, embora nas províncias muitos deles fossem precisamente, e de maneira formal, os chefes da censura, exercida então sob a epígrafe de "censura delegada". Como o *Pueblo* era um jornal vespertino, todo o processo de consulta – no qual o Ministério da Informação tinha que esgotar outras operações, tais como contatar o do Exterior para as questões de diplomacia ou os departamentos militares para a defesa – retardava enormemente o fechamento do jornal e nosso contato procurava agilizar a chegada das determinações usando o telefone. Muitas vezes, elas eram contraditórias e, a qualquer momento, o censor tinha direito de se desdizer a respeito delas, caso um superior emitisse uma opinião diferente da sua. Os redatores-chefes mais ousados ou rebeldes vangloriavam-se de discutir, às vezes com êxito, algumas das decisões, mas no final de tudo o que restava eram as provas impressas numeradas, cheias de traços de lápis vermelho e arrematadas com um carimbo marrom ou vermelho que estampava a palavra "autorizado". Essa mania de usar o vermelho como símbolo de proibido remonta com certeza a séculos atrás em nossa história. Na biblioteca da Universidade de Salamanca existem numerosos exemplares de obras censuradas pela Inquisição, nas quais os parágrafos inconvenientes aparecem flagelados pela tinta cor de sangue.

Em meio a semelhante agonia, é facilmente compreensível que nós, profissionais, recebêssemos a lei Fraga, de 1966, como uma verdadeira chuva de São José. A lei, repeti isso muitas vezes, não representava a chegada da liberdade, assim como não eliminava a censura, mas apenas o incômodo trâmite de enviar as provas para os gabinetes do governo. A publicação de jornais não acontecia sem permissão ministerial prévia – que era negada em múltiplas ocasiões – e a direção dos veículos devia ser exercida por alguém que possuísse uma carteira de jornalista, arma poderosa com a qual o governo impedia o acesso de alguns dissidentes políticos às responsabilidades executivas dos jornais. Deste modo, os diretores, sobre os quais pairava um grande número de ameaças correspondentes às incumbências que a lei lhes atribuía, transformaram-se simultaneamente em paladinos da liberdade e em repressores permanentes da mesma. Vítimas de uma autêntica esquizofrenia, por um lado lutavam tenazmente para conseguir publicar notícias e opiniões que desagradavam profundamente ao governo em seus jornais e, por outro, limitavam sem rodeios a liberdade de expressão, submetidos como estavam à insuportável pressão da autoridade que vigiava, julgava, multava e chegava até a bani-los da carreira, quando ultrapassavam o limite do permitido. Alguns desses limites tinham sido instituídos em caráter permanente. Não se podia criticar o chefe do Estado, que era também o chefe do governo, nem o Exército e seus comandantes e também não se podia duvidar da unidade da pátria ou atentar contra a moral católica; as greves e sua defesa continuavam a ser consideradas atos subversivos. Diante deste panorama, a imprensa se voltou para a crítica no âmbito municipal, única que, de certa forma, o regime parecia tolerar, desde que não se fosse além de reprovar a sujeira das ruas ou algumas decisões urbanísticas (embora uma máfia de aproveitadores continuasse a enriquecer com as mudanças das regras e da classificação do solo). Paralelamente às proibições perenes, havia também as conjunturais, de periodicidade cíclica, transmitidas fielmente pelos funcionários do governo em suas conversas telefônicas cotidianas com os responsáveis pelos jornais. Por ocasião de um surto epidêmico de cólera que irrompeu em várias regiões da Espanha no verão de 1972, o governo resolveu suavizar as notícias para não alarmar a população e não afugentar os turistas, determinando que se informasse simplesmente sobre uma maior incidência de diarreias estivais. A lassidão – já que estamos falando dessas coisas – ou o rigor com que o ministério avaliava os excessos ou atrevimentos nos casos em que tais indicações eram descumpridas cresciam em proporção inversa à periodicidade das publicações que cometiam as faltas. A censura se mostrava menos rigorosa com os livros do que com as revistas mensais, que, sem dúvida, levavam vantagem em relação aos semanários e estes, por sua vez, viviam mais à vontade, se comparados aos diários. O êxito de algumas publicações da época – *Cuadernos para el diálogo*, *Destino, Cambio 16* ou *Triunfo* – baseou-se em grande parte na maior rigidez contra a imprensa diária e também no fator não negligenciável de que, no caso desta última, todas as empresas estavam de uma forma ou de outra comprometidas com o sistema. O governo também chorava a falta das determinações, mais difíceis de aplicar nas novas circunstâncias: para contornar o problema, idealizou um método singular na história da corrupção na imprensa, posto que se aplicava de maneira aberta, pública e com cobertura legal. Tratava-se da "publicidade redacional", ou seja, da publicação de reportagens, artigos e informações sobre questões que interessavam ao governo. Às vezes, as próprias autoridades enviavam as matérias para a redação, outras, percorria-se o caminho inverso e as empresas enviavam uma coleção de recortes para os gabinetes oficiais, como prova da contribuição feita para a difusão das questões requisitadas, junto com a fatura adicional. As questões que o franquismo tardio tinha interesse em divulgar eram muito variadas. Tivemos publicidade redacional para sensibilizar as pessoas para os problemas causados pelo vírus da tristeza nas laranjeiras ou a peste porcina africana, mas também – e muita – para enaltecer dom João da Áustria e o papel da Espanha em Lepanto. Neste último caso, o encarregado da campanha foi o mesmíssimo almirante Carrero Blanco, empenhado em que todos conhecessem as façanhas navais de nossos antepassados, pois o modelo da Espanha de Carlos V e Felipe II, do obscurantismo cultural e do fanatismo religioso como espinha dorsal do império, era o que satisfazia realmente o ditador. E este, claro, não só vivia protegido de críticas, como também animado por todo tipo de adulações. No final de seu mandato, já ferido de morte, quando visitou uma determinada província, as agências de notícias divulgaram a nota oficial de sua chegada e do discurso pronunciado diante da massa de manifestantes reunidos em sua honra, ao toque de reunir do governador civil e do chefe provincial do Movimento. O anódino sermãozinho era intercalado por diversos parênteses que marcavam o entusiasmo crescente da multidão. ("Aplausos, grandes aplausos, ovação entusiástica, um grito: nós te devemos tudo! Franco, Franco, Franco!") Nessa hora, ocorreu-me – era então subdiretor do jornal *Informaciones* – que tais minúcias podiam ser eliminadas, ainda que parcialmente, naquela altura do século, quando já se discutia uma pretensa lei de associações políticas e sendo previsível e próxima à babosa agonia do primeiro mandatário.

De modo que publiquei o telegrama sem os acréscimos elogiosos, limitando-me a assinalar que, no final de sua intervenção e durante o seu desenvolvimento, o chefe de Estado havia sido calorosamente aplaudido. Melhor seria jamais ter feito isso! Meu diretor na época, e meu mestre de sempre, o mesmo Jesús de la Serna que conheci na redação do *Pueblo*, foi ameaçado pessoalmente pelo ministro do ramo com uma censura grave e advertido para que não repetisse tamanha patifaria nas páginas de seu jornal. Quanto a mim, fui acusado de usar de censura e de mutilar sectariamente as informações objetivas da agência governamental Efe. Acumularam-se assim novas provas de meu marxismo militante, quando na verdade nunca fui militante de nada que não fosse o senso comum.

Dito tudo isso, é preciso reconhecer que a Lei Fraga constituiu um passo adiante na pretendida democratização do regime e, portanto, os jornalistas de então achamos que era uma maravilha. Enfrentando todo tipo de perseguições e problemas, a imprensa foi a única e mínima plataforma de debate dos últimos anos do franquismo. Não foi gratuito, é bem verdade. O fiscal-geral do Supremo Tribunal, Fernando Herrero Tejedor, informava em setembro de 1967 que, em seu primeiro ano de vigência, 36 sumários de culpa por infrações à Lei de Imprensa e Impressão foram apresentados. Catorze deles foram instruídos pelo Tribunal de Ordem Pública, constituído por juízes especializados na repressão política. O fiscal Herrero considerava tais cifras satisfatórias, pois indicavam um alto grau de responsabilidade dos jornalistas no uso de sua liberdade. Para ele, 14 julgamentos políticos por delitos de opinião pareciam definitivamente pouco. Omitia, além do mais, que junto com os processos, dezenas de censuras administrativas tinham sido executadas, algumas delas impondo severas multas econômicas. De todo modo, o governo não parecia compartilhar da satisfação do fiscal e, depois dessa experiência, reformou primeiramente o artigo 165 do Código Penal, tipificando os delitos de imprensa e estabelecendo duras sanções para os infratores e, em seguida, promulgou uma lei de Secretos Oficiais que constituía um sério retrocesso em relação às medidas mais ou menos aberturistas de Fraga. Diante da pressão dos jornalistas, que se somava aos acontecimentos universitários de 1968, a máquina repressiva se pôs em marcha: naquele mesmo ano, a publicação do jornal *Madrid* foi suspensa por quatro meses – em virtude de um artigo do professor Calvo Serer que elogiava a decisão do general De Gaulle de aposentar-se, atitude que obviamente não era compartilhada por Franco –; foram sequestrados cautelarmente vários livros e publicações periódicas (*Cuadernos para el diálogo, Mundo, Sábado Gráfico, Índice, Criterio*, o boletim da HOAC e os jornais de Pamplona), e foram apresentados, só nos primeiros seis meses, 266 censuras administrativas contra jornalistas e empresas. Néstor Lujan, diretor de *Destino*, foi condenado a oito meses de prisão e multado em 10 mil pesetas pela publicação em sua revista de uma carta ao diretor que – que sarcasmo dos manda-chuvas da repressão! – atacava o uso do catalão, apesar de a revista ser um órgão de comprovada trajetória liberal, defensor da identidade da Catalunha.

Apesar desta saga de despropósitos e perseguições que culminaram com o fechamento definitivo do jornal *Madrid* – dinamitado a seguir por seu último proprietário a fim de especular, ele também, com seus terrenos —, a Lei Fraga marcou o ponto máximo a que se podia chegar em matéria de aberturas ou liberalidades dentro dos marcos do franquismo. Produziu uma brecha nas estruturas esclerosadas do regime que políticos e jornalistas souberam aproveitar. Não tutelava a liberdade, mas, ao eliminar as formas mais candentes de censura prévia, permitia que os mais ousados, os mais corajosos ou os mais imprudentes exercessem uma certa função crítica. A imprensa se converteu assim num parlamento de papel, substituindo as Cortes nomeadas a dedo, inúteis e obedientes aos desejos de autossatisfação do poder, pelo debate político, ainda que nas entrelinhas.

A reforma da imprensa deveria ser a primeira de uma série de mudanças que alguns franquistas mais evoluídos tentavam implementar. Mas dada a experiência – negativa para eles – da Lei Fraga, Franco e Carrero Blanco interromperam outras transformações, desvirtuaram uma incipiente Lei de Associações, boicotaram uma outra de suposta liberdade sindical e acabaram com o processo protagonizado pela ala mais aberta do regime – a mesma que, em seguida, contribuiu para a fundação da UCD.* Com o sopro histórico da Lei de Jurisdições, os tribunais aumentaram sua atividade contra os jornalistas, e numerosos foram os conselhos de guerra reunidos contra os profissionais da informação. Por último, na escalada repressiva que visava a imprensa rebelde – na época, foi cunhado o adjetivo "canalhesca" –, no verão de 1975 uma disposição antiterrorista aperfeiçoou o sistema de perseguição às liberdades públicas – inclusive a de expressão – sob o pretexto de dar combate à crescente violência do ETA. Mais uma vez, a luta contra o terrorismo era utilizada como subterfúgio para a violação dos direitos humanos. Faltavam apenas quatro meses para que o general Franco morresse.

---

* A União de Centro Democrático (UCD) foi o partido ou coalizão organizada por Adolfo Suárez para concorrer às primeiras eleições livres, que ele mesmo convocou. Era composta fundamentalmente por setores social-democráticos, franquistas aberturistas, falangistas renegados, antigos liberais e alguns poucos autoproclamados social-democratas.

Da Transição à roda de tortura

Muito se escreveu e se disse sobre o papel da imprensa na Transição espanhola e sobre a contribuição dos jornalistas para as mudanças políticas. É justo reconhecer que durante certo tempo os jornais – especialmente alguns – protagonizaram abertamente a liderança que a sociedade demandava em seu caminho para a democracia e que não poderia encontrar nas decadentes instituições herdadas do franquismo. Esta situação favoreceu e estimulou o ânimo de determinados jornais, notadamente o *El País*, que chegou a se transformar no símbolo da própria Transição, o que resultou num sucesso profissional e comercial que alguns competidores demoram a perdoar e que é culpado igualmente pelo espírito arrogante e autossuficiente de muitos dos que contribuímos para fazê-lo. Não vou insistir neste assunto nem vou inscrever meu nome no martirológio da liberdade de expressão que tantos colegas se esforçam para estabelecer. A verdade é que os únicos espaços de debate político existentes na última década da ditadura foram os que a imprensa abriu – especialmente nas publicações mensais e semanais – com enorme sacrifício e dedicação por parte de muitos e bons profissionais. Isso justifica e avaliza o fato de que, nos primórdios da democracia, quando os partidos políticos e os sindicatos estavam proibidos, as instituições sociais desvertebradas, os donos da economia assustados e os líderes do exército desorientados, os jornais assumiram esta desmedida relevância como plataforma de discussão e cenário de acordos. Não fizeram isso ao abrigo de nenhuma disposição legal, pois as normas franquistas continuavam vigentes, mas equilibrados na irrefreável onda de mudanças que acabou transformando a vida espanhola através da experiência da "ruptura pactuada". Tal expressão sugeria que o resultado da Transição devia ser um rompimento autêntico e definitivo com o velho regime, mas que isso podia ser feito sem necessidade de mais traumas. O fato de que o processo não fosse revolucionário, mas se mostrasse efetivamente constituinte, diante das ânsias e desesperos dos que pretendiam uma monarquia franquista como continuação do franquismo imperial que tínhamos sofrido até então, facilitou o mencionado papel da imprensa, que foi crucial no alvorecer do novo regime. Os jornais desempenharam um papel quase didático e exemplar na aprendizagem da democracia por parte de um povo sem praticamente nenhuma experiência no assunto. De forma paradoxal, algumas publicações que se distinguiram por seu compromisso com a liberdade e com as bandeiras de oposição nos últimos anos da ditadura pereceram diante da arrasadora força comercial dos novos e velhos jornais. Foi o caso de títulos como *Cuadernos para el diálogo* ou de *Triunfo*, cuja memória deve ser cultivada com respeito, como exemplo para as futuras gerações.

Graças a essa liderança social dos jornais e ao estímulo de seus leitores, em 1976 tem início aquela que poderíamos chamar de época de ouro do jornalismo espanhol no século XX. Foi o momento da recuperação dos intelectuais para as páginas dos jornais, da profissionalização dos jornalistas – à margem das ridículas disputas a respeito da carteira profissional e dos requisitos oficiais para o exercício da profissão –, da modernização dos equipamentos de impressão, da limpeza da corrupção nas redações e nas empresas e do reconhecimento da autonomia da opinião pública. Esta inclinação rumo à liberdade foi cheia de contradições, renúncias e problemas, alguns muito graves, mas o balanço até o final da década de 80 não poderia ser mais positivo. Digo isso sabendo que a junção de políticos e jornalistas no início da Transição, a cumplicidade que estabeleceram entre si para alcançar o objetivo comum de restaurar a democracia na Espanha, acabou provocando não poucos mal-entendidos mais tarde, transformando alguns governantes em maníacos da opinião pública e grande parte dos colunistas em pseudoprofessores de governança.

A recuperação da liberdade, na imprensa como em outros meios de comunicação social, não aconteceu, é bom lembrar, de maneira instantânea, mas gradualmente. Tudo acontecia assim naquele período. As primeiras eleições democráticas, em 1977, foram celebradas em meio a uma situação na qual o governo não controlava apenas a única televisão existente, mas também monopolizava a informação via rádio – as emissoras privadas não podiam transmitir noticiários próprios e eram obrigadas a se conectar sob o comando da Rádio Nacional –, assim como mantinha uma imensa rede de jornais de província através da Imprensa do Movimento, além de outros órgãos oficiais muito conhecidos. A atividade legislativa da UCD para o restabelecimento da liberdade de expressão foi quase inexistente, dando como certo que a promulgação da Constituição seria suficiente para garanti-la. Isso produziu algumas lacunas legais e várias confusões nos primeiros anos da Transição. A Lei Fraga não foi totalmente revogada, embora a permissão para a publicação dos jornais tenha se transformado num simples trâmite administrativo e a exigência da carteira para exercer a profissão nunca tenha sido cumprida, em que pese os esforços contrários de alguns colegas mais preocupados com as dignidades do jornalismo do que com sua pujança social. Lembro-me bem do dia em que decidimos não enviar – contra a regra estabelecida – os dez exemplares de *El País* às dependências do Ministério da Informação duas horas antes de sua distribuição. Achávamos que era uma medida absurda e um aborrecimento que permitia, além do mais, que o diretor-geral de turno conhecesse o que o jornal publicaria com antecedência suficiente para poder pressionar, negociar ou protestar. Um dia, resolvemos, sem mais nem menos, que não entregaríamos os jornais nas dependências oficiais. Logo em seguida, recebi um telefonema do ministério para avisar do esquecimento. Quando disse que não era um erro e que estávamos cansados de permitir que alguns funcionários alertassem o governo ou órgão competente sobre as notícias que nosso jornal iria publicar, compreenderam minha posição e me solicitaram então que continuasse a remeter um certo número de exemplares para o arquivo da casa, nem que fosse depois da distribuição da edição. Poucos dias depois, chegou um ofício anulando expressamente a obrigação dos jornais de enviar alguns números para inspeção prévia.

Junto com tais amenidades, as agressões do poder persistiam. O Tribunal de Ordem Pública, órgão judicial especializado na repressão política, continuou atuando febrilmente contra a imprensa durante todo o período constituinte. Houve também processos militares ou montagens perversas visando desprestigiar os jornais e pressionar as empresas jornalísticas. Tratava-se de uma prática tão nefasta quanto comum durante a ditadura. É muito conhecida a história da enorme maquinação tramada contra dom Fidel, bispo de Calahorra, como vingança por sua denúncia dos totalitarismos, inclusive o nacional-sindicalista. A polícia manipulou diversas fotografias para exibi-lo deitado ao lado de duas prostitutas. A montagem arruinou seu prestígio como sacerdote e sua carreira como bispo e atraiu a suspeita e o menosprezo de muitos de seus pares. Durante sua autodenominada etapa liberalizadora, o próprio ministro Fraga encabeçou uma campanha de injúrias contra o correspondente do *Le Monde*, José Antonio Novais, depois de pressionar inutilmente o jornal francês para que prescindisse de seus serviços. Desta forma, o nome de um formidável jornalista, cujas crônicas na imprensa europeia permitiam que nós, espanhóis, soubéssemos o que ocorria em nosso país, foi arrastado impunemente na lama, sem que ninguém (ou apenas alguns poucos) fizesse alguma coisa para defendê-lo. O envenenamento e a calúnia – como meios de influência política instrumentados pela polícia e pelos serviços de inteligência militar – se mantiveram durante décadas e ainda sobreviviam nos primórdios da democracia (o mais provável é que não tenham desaparecido de todo). Eu mesmo fui acusado de pertencer à KGB, e os militares de turno fabricaram provas falsas para demonstrá-lo: imitaram minha assinatura em cartas e talões de cheques, submetendo-me a um assédio tão infame quanto estúpido. E não se tratava de um caso isolado, pois não podemos esquecer que, em grande parte, os acontecimentos eram pilotados pela burocracia franquista e os recém-convertidos às liberdades tinham de continuar vigiando os velhos guardiões da ortodoxia com o rabo dos olhos. Por isso mesmo, havia também uma preocupação em apagar as marcas do passado, e anedotas como essas podem dar uma ideia do ambiente e do humor que cercavam o desenrolar dos acontecimentos.

Mas afinal, foram os socialistas, e não os pretensos liberais de direita, que levaram a termo o processo de privatização e liberalização dos meios de comunicação. Foi no governo de Felipe González que os jornais do Estado foram vendidos para a iniciativa privada, o rádio ganhou um ordenamento legal e as televisões autônomas e privadas foram criadas. Os socialistas podem ser acusados de não terem seguido processo parecido com a agência Efe, que continuou a ser um reduto do dirigismo informativo, ou de não terem reformado o estatuto da TVE, promulgado nos tempos de Suárez. Assim como eles, ninguém mais fez isso, e menos ainda a direita renascida que, em seu retorno ao poder em 1996, manteve com altivez e desenvoltura a vergonha da Radio Television Espanhola transformada num instrumento a serviço da vaidade dos governantes, num ninho de corrupção e num caríssimo desperdício às custas dos esforços dos contribuintes. Quando retornaram, com Rodríguez Zapatero à frente, os socialistas prometeram colocar a casa em ordem e, finalmente, as tarefas de limpeza e reconstrução parecem caminhar em bom ritmo.

Chama atenção a ingenuidade dos governos de González. Em que pese sua prolongada estadia em La Moncloa, em vez de lucrar e se fortalecer com o processo de privatização dos meios de comunicação, eles o deixaram nas mãos de adversários políticos ou representantes de ideologias claramente opostas às suas. Vou me poupar, por enquanto, do embaraço de enumerar a lista de decisões que atestam tal declaração ou de fazer comparações, aliás evidentes, sobre a profusão de dádivas que Aznar soube repartir entre seus amigos, às quais irei me referir em seguida. Além do mais, Felipe González chegou ao poder no meio de uma autêntica onda popular de apoio às mudanças, depois do desastre do golpe de 23-F e do intervalo precário de Calvo Sotelo em La Moncloa. Quem viveu nos Estados Unidos a vitória eleitoral de Barack Obama pode imaginar o que foi aquele movimento gigantesco e entusiasta de apoio ao triunfo socialista na Espanha de 1982. A imprensa participou ativamente do encantamento (assim como no caso de Obama), mas a lua de mel não durou muito. Os primeiros sintomas de endurecimento do governo das esquerdas em suas relações com os meios de comunicação começaram a surgir em razão das denúncias de corrupção contra o irmão do vice-presidente, Alfonso Guerra. Felipe González pronunciou então a famosa frase em que fazia distinção entre opinião pública e publicada, para desautorizar esta última e elogiar a primeira, que teria o aval do grande número de votos que o PSOE recebia. Embora não lhe faltasse razão em alguns aspectos, ele menosprezava o fato de que a opinião publicada acaba com frequência se transformando em pública.

Mas antes disso, muitas escaramuças com os jornais já tinham acontecido. Uma das mais conhecidas foi, mais uma vez, protagonizada por mim: trata-se do enfrentamento que tive com o então ministro do Interior, José Barrionuevo, por conta das críticas que meu jornal fazia à ação antiterrorista e aos crimes do GAL (Grupos Antiterroristas de Libertação) — aplaudidos então por quase toda a imprensa e, singularmente, por aqueles que, 15 anos depois, convenceriam Aznar a utilizar o caso para bombardear o governo González. Mas, embora considerando a gravidade que encerravam, foram apenas incidentes de percurso e não um fruto de políticas premeditadas de perseguição, como as que fomos obrigados a viver mais tarde. A longa passagem da censura à imprensa livre – entendida em sentido lato e com referência ao conjunto dos meios de comunicação – terminou, portanto, objetivamente, com a concessão de três licenças privadas de televisão no verão de 1989.

Terminou aí a viagem da repressão à liberdade, para a qual alguns logo trataram de reservar passagens de volta. Não poderia ser outra a interpretação dos esforços realizados por José Maria Aznar no momento em que resolveu criar a seu redor, a qualquer preço, um grupo de meios de comunicação leais à causa, elogiosos dos êxitos de seu governo e ansiosos por pregar a acanhada doutrina oficial a respeito dos grandes e pequenos problemas de nosso país. Na Espanha atual, a democracia é sólida e as instituições garantem o exercício das liberdades, mas não se pode esquecer da agressão que o governo do PP exerceu durante anos contra os que não se mostravam afinados com ele, contra as vozes independentes, contra a dissidência e discrepância. E um grupo de comunicadores, conspirando na defesa de seus próprios interesses, equiparou-se nesse empenho à insegura petulância do poder. Chama atenção a submissão deste último à chantagem de alguns jornalistas sempre dispostos – como Arias Salgado – a não reconhecer outra verdade senão a que eles mesmo definem, nem outra ética senão a que lhes convém. Promotores da pós-modernidade na imprensa espanhola, aos brados de "vale tudo!", conseguiram impor a vacuidade ideológica, o egoísmo irracional e a falta de qualquer tipo de compromisso com os leitores e até consigo mesmos. Lançaram mão de personagens da índole de Javier de la Rosa e Mario Conde, que iniciaram as práticas mais perversas de ingerência nos meios de comunicação, mas não hesitaram em abandoná-los quando seu barco começou a fazer água. Continuaram entoando louvores ao comando, que exigia obediência total em troca da absoluta entrega com que os beneficiou. E não poucos acabaram refugiando suas misérias nos *confidenciales* da rede.*

* Literalmente, confidenciais. O autor se refere a sites de notícias que divulgam boatos, supostos comentários em off, informações de bastidores sem a devida apuração. Mas o termo se refere também a blogs em que o próprio autor assume o caráter de fonte, graças à credibilidade e prestígio de seu nome. Optamos, neste livro, pelo uso da tradução literal, "confidenciais", entre aspas, para designar o fenômeno. (N. da T.)

Se existe um episódio que define melhor que qualquer outro a atitude de José Maria Aznar a respeito dos meios de comunicação é, sem dúvida, o caso Sogecable, que foi um marco no comportamento da direita no poder, colocando em relevo o caráter antidemocrático de suas emoções. O substrato de tais acontecimentos foi exposto pela vitória de Pirro que o Partido Popular obteve nas eleições de março de 1996. Apenas 300 mil votos separavam o vencedor de Felipe González, e as dificuldades de Aznar para montar seu gabinete foram clamorosas. Suas conversações em busca do apoio dos partidos nacionalistas se arrastaram durante meses. Foi um percurso tedioso e angustiante, durante o qual muitos duvidaram que o homenzinho de bigodes, com cara de Chaplin e alma de inquisidor, fosse capaz de estabelecer uma maioria parlamentar que o investisse como primeiro-ministro. Nessas circunstâncias, *El País* publicou um editorial sugerindo a eventualidade de que, dado que o PP tinha vencido, mas seu líder não era capaz de estruturar a formação do gabinete, talvez algum outro dirigente do partido, como Ruiz Gallardón, pudesse fazê-lo. Aznar sempre considerou o atual prefeito de Madri como um rival a ser abatido e alguém pouco confiável e, portanto, irritou-se demais com a proposta. Obteve, enfim, o apoio dos nacionalismos catalão e basco, numa obscena demonstração do pragmatismo político de uns e outros, mas a partir de então, sempre acreditou que o jornal do grupo Prisa não tinha outro objetivo senão apeá-lo do poder. Também achava que não tinha conseguido a maioria absoluta nas eleições por influência da SER, a primeira cadeia radiofônica da Espanha, pertencente ao mesmo grupo de comunicação. E foi justamente um jornalista, em sua velhaca condição de assessor palaciano, quem convenceu o chefe do governo de que as copiosas rendas da televisão a cabo que o grupo Prisa havia fundado serviriam para enfraquecê-lo ainda mais e para financiar o retorno de González a La Moncloa. Já dizia Goebbels que as grandes mentiras são mais fáceis de acreditar, de modo que tal despropósito tomou conta do espírito do governante, que resolveu empreender uma guerra de extermínio contra o grupo. E esteve bem perto do êxito, graças à cumplicidade de um juiz traiçoeiro e à ativa cooperação dos arautos do poder.

A pressão de Aznar sobre a imprensa e os meios de comunicação não se limitou a isso. Conseguiu que os socialistas praticamente desaparecessem das telas das televisões nacionais, públicas ou privadas; interveio na estratégia de compra e criação de canais por parte da Telefonica e, em seguida, na venda e adjudicação dos mesmos aos novos proprietários, vetando alguns e favorecendo outros; utilizou a força do monopólio de telecomunicações e de outras empresas públicas privatizadas por ele e governadas por seus amigos para destruir o livre mercado no setor e configurá-lo a seu serviço. Nessa aventura, contou com a cumplicidade do Partido Comunista, na época determinado a fazer uma aliança com a direita para esmagar as posições do socialismo democrático, e entrou no negócio da televisão a cabo como um elefante numa cristaleira, destruindo o modelo de financiamento do futebol, alimentando oportunistas e sanguessugas sem respeito algum, sem visão, sem vergonha, sem convicção de liberdade e sem pejo. O neto de um dos mais prestigiosos jornalistas da República e um dos mais reverenciados do século XX (por mais que rendesse sua pluma ao ditador) colocou em evidência, durante os oito anos em que esteve à frente do governo, os seus dotes de carniceiro da liberdade de expressão. Para dar uma ideia dos critérios que usava e de seus fantasmas, revelarei uma petição que Jesús Polanco e eu recebemos diretamente de La Moncloa pouco antes de o personagem em questão lá se estabelecer: que Eduardo Haro

Tecglen deixasse de escrever no *El País* e Iñaki Gabilondo abandonasse os microfones da SER. Nenhuma das duas exigências se verificou, claro, e por isso Aznar se permitiu uma vingança particular, não dando entrevistas durante anos às emissoras citadas. Os usuários das mesmas jamais poderão lhe agradecer o suficiente.

Talvez esses precedentes sirvam para alguns como desculpa ou explicação das indignidades iniciais cometidas por Rodríguez Zapatero em sua política de informação, assim que ganhou as eleições de 2004. Depois da amarga experiência do exílio da maioria das tribunas durante seu período como líder da oposição, apressou-se a favorecer o nascimento de novas televisões e jornais para reforçar o pluralismo, no sentido de aumentar a presença da esquerda no setor. Nem os métodos que usou, nem os aliados que escolheu foram os mais recomendáveis. Merece elogio, porém, o seu empenho – já apontado – em construir uma televisão pública respeitável e temos de admitir que, em sua segunda legislatura, o primeiro-ministro parece mais consciente de seus erros e mais disposto a aprender com eles. Mas a política de comunicações não é, certamente, a mais brilhante entre as que implementou.

A liberdade é um bem consideravelmente escasso e sempre ameaçado. Por isso mesmo, nem tudo nessa década de ouro do jornalismo espanhol a que me referi acima foram flores e alegrias. As pressões do poder não cessaram, nem cessarão nunca em qualquer democracia autêntica, na qual os meios de comunicação desempenhem um papel crítico e independente. Mas insisto em dizer que considero os anos 1980 – e os últimos de 1970 – como os melhores que vivi no jornalismo espanhol até onde minha memória alcança, por sua capacidade de inovação, pelo respeito social que estimulou, por sua contribuição ao estabelecimento do pluralismo e pela excelência de suas qualidades profissionais. Seguiremos vivendo em grande parte das recordações desse período, porque, para ser sincero, ultimamente as coisas não fizeram senão piorar.

Enquanto nós, jornalistas, nos deliciamos ressaltando nossos heroísmos diante do poder, cresce nas sociedades modernas a impressão de que o cidadão se encontra cada vez mais desprotegido diante da invasão de seus direitos individuais por parte dos meios de comunicação. A multiplicação das práticas difamatórias destacam uma deterioração considerável da profissão. Na Espanha, onde não existem leis contra calúnia e difamação, vítimas, advogados e juízes se debatem na dúvida entre recorrer a procedimentos penais ou a instâncias civis na hora de reclamar contra os abusos. A jurisprudência do Tribunal Constitucional, embora tenha criado um *corpus doctrinae* amplo e pormenorizado sobre a questão, ainda não administra muito bem a combinação entre direitos individuais e direito a informar. A existência de alguns exemplos clamorosos em sentido contrário, só serve para confirmar a regra.

Estamos diante de um conflito que abordei em várias ocasiões e notadamente em meu livro *Cartas a un joven periodista.*[*] Independentemente dos defeitos legais existentes, é preciso buscar métodos capazes de satisfazer as demandas que se manifestam neste terreno. Trata-se de combater a indefensibilidade dos particulares diante dos meios de comunicação, que deriva muitas vezes em autênticas chantagens por parte de profissionais inescrupulosos. É preciso estabelecer, igualmente, um marco jurídico minimamente objetivo que permita que os jornalistas conheçam as regras que devem

[*] Juan Luis Cebrián, *Cartas a un joven periodista* [Cartas a um jovem jornalista], Madri, Aguilar, 2003.

seguir no exercício da profissão. Do contrário, a liberdade de informação pode se transformar numa licença para uso e proveito de inescrupulosos e espertalhões.

Com o passar dos anos, a consolidação da liberdade de imprensa apresentou, contudo, uma abundante série de ilegalidades ou delitos cometidos no intuito de obter informações que são valiosas em si, e até mesmo transcendentais para o conjunto da sociedade. O recurso a métodos ilegais para estes fins é relativamente frequente.* Devemos recordar a esse respeito que jornalistas não são espiões ou policiais e, embora tenha afirmado que em alguns aspectos nossa profissão tem uma origem canalha, ela também aspira a um destino limpo, no qual a honestidade e a transparência continuem a desempenhar um papel fundamental.

Enquanto discutimos tais generalidades, a realidade voltou a nos surpreender. A extensão e a popularização das redes informáticas, sua fragilidade na hora de evitar invasões de estranhos, a vulnerabilidade das comunicações e o imenso elenco de inovações tecnológicas neste campo geraram novos perigos junto com as novas oportunidades. Os riscos carregam hoje o nome de "confidenciais" e respondem a esta infinita constelação de boletins em rede que misturam realidade e mentira, difamação e elogio com uma arbitrariedade impune. Os *canards* parisienses e os *gazzetanti* italianos enrubesceriam de vergonha diante da falta de qualidade e do comportamento abusivo dos libelos que se difundem diariamente na internet. Sei que alguns deles

* Em sentença recente, o Supremo Tribunal espanhol condenou a prática cultivada por *El Mundo TV* de fazer reportagens-denúncia usando câmaras ocultas de televisão.

são respeitáveis, profissionalmente benfeitos e respondem a uma demanda social que é preciso satisfazer. Mas o resto constitui uma lixeira de despropósitos e imundícies na qual analistas, financistas, importantes empresários e até políticos de butique baseiam suas decisões. Nem as leis, nem quem as aplica parecem preparados para esta enxurrada de lixo descarregada diariamente em nossos correios eletrônicos. É preciso remediar a situação o quanto antes. Num mundo em que tudo é instantâneo, desde o café até o dinheiro, passando pela transmissão do conhecimento, a justiça não pode se permitir o luxo de se considerar atemporal, quase eterna. É preciso agilizar os processos e aumentar a eficácia dos tribunais. Do contrário, depois de ter vivido a década prodigiosa de nosso jornalismo, poderemos nos ver mergulhados rapidamente na mais vergonhosa de suas fases, tendo de nos reconhecer na famosa e cáustica frase de Oscar Wilde: "Nos velhos tempos a humanidade tinha a roda de tortura; agora tem os jornais." E as informações "confidenciais".

Valor e preço

Em 1983, uma grande excitação tomou conta das redações de todos os jornais do mundo. Os títulos mais prestigiosos competiam pela aquisição das memórias de Hitler, um furo editorial sem precedentes ou, melhor dizendo, com alguns precedentes que a memória imediata dos jornalistas e empresários de imprensa não conseguiu recuperar. Se a precipitação e os desejos naturais de triunfo não fossem tão grandes, alguém na redação do *Sunday Times* poderia ter lembrado que, em 1968, o mesmo semanário, na ocasião propriedade de *lord* Thomson of Fleet, foi obrigado a reconhecer a falsidade de um diário de Mussolini pelo qual sua empresa havia pagado uma importante soma em dinheiro. Anos mais tarde, essa mesma publicação esteve envolvida em outra fracassada negociação com representantes do milionário Howard Hugues para a compra de sua autobiografia, depois que uma outra, apócrifa, veio à luz, escrita pelo famoso autor de *best-sellers* Clifford Irving. Ou seja: tinham todos os motivos para tomar algumas precauções, mas não o fizeram.

Rupert Murdoch, dono e editor do *Sunday Times* londrino, teve uma reação peculiar quando descobriu que as memórias do carniceiro nazista eram uma fraude. Seus meios de comunicação haviam-nas divulgado amplamente e alguns jornalistas ficaram envergonhados ao se verem obrigados a fazer uma retratação. "Bem", consolou-se ele, "afinal de contas, nosso negócio é o entretenimento".

Esta frase do magnata australiano, à margem de qualquer cinismo, define melhor que nenhuma outra a condição mutante das empresas voltadas para a comunicação nos dias de hoje. Escrevi centenas de páginas e pronunciei dezenas de conferências sobre o novo modelo de civilização da sociedade digital para acabar percebendo que, definitivamente, bastam muito poucas palavras, como as de Murdoch, para colocar o dedo na chaga de uma das questões que melhor descrevem a situação: a mistura de informação e entretenimento. Mistura que é consequência não só da predominância da imagem no mundo da informação, mas também da convergência empresarial dos meios de comunicação com a consequente tendência a fundir o *Homo sapiens* com o *Homo videns* em sua nova, e ainda pouco analisada, condição de *Homo ludens*. Assim, as empresas de comunicação se viram compelidas a formar autênticos conglomerados, nos quais a diversão e o lazer desempenham papéis às vezes mais relevantes que a informação propriamente dita. Por outro lado, embora estejam sujeitas, como quaisquer empresas, às regras gerais do mercado, isso não pode servir de motivo ou de pretexto para abdicar de suas responsabilidades públicas e privadas diante dos usuários e leitores dos jornais.

Uma mudança de civilização como a que enfrentamos inclui o surgimento de alguns valores e a destruição de outros mais antigos. Não se trata de um processo linear nem definido, mas do fruto de uma realidade emergente. Somente a experiência será útil na hora de reconhecer estes novos valores ou de entregar o certificado de disfunção aos que perecem. Ainda que existam princípios gerais que dificilmente serão eliminados, outros já periclitantes querem se arrogar uma suposta condição de permanência, tentando inutilmente sobreviver. Sua paixão de perenidade gera uma grande confusão, repleta de escaramuças que às vezes se transformam em verdadeiras batalhas, embora seu final seja absolutamente inelutável.

Na teoria clássica dos valores, de acordo com a descrição que dela faz Ferrater Mora,* **validade**, **objetividade**, **não independência** (entre si), **polaridade**, **qualidade** e **hierarquia** são as características que devem apresentar. Embora seja uma lista discutível e, de fato, muitas vezes discutida, sua enumeração pode servir para nos dar uma ideia cabal dos perfis concretos que os valores da empresa informativa adquirem no novo milênio. Partindo da consideração aristotélica de que toda ação ou escolha tende à obtenção de um bem e de que o fim perseguido pela economia é a riqueza, não é difícil estabelecer a existência de uma ética da empresa que ilustra os valores próprios da atividade produtiva, qualquer que seja o seu resultado. A má fama habitual dos empresários na Espanha, à parte os comportamentos mais ou menos delituosos de alguns, se deve à ausência de uma tradição de capitalismo liberal, substituído pelo protecionismo de marca católica e agrária. A palavra "**valor**" tem, justamente, um significado preciso e bem entendido no capitalismo financeiro, diante do vocábulo "**bens**", ao qual se abraçavam os fisiocratas e que dá lugar no jargão econômico a essa outra expressão tremenda que é "**bens raízes**", com ressonâncias quase trágicas, como se tivessem algo a ver com o existencialismo sartriano ou com a agonia do cristianismo.

O *ethos* da atividade empresarial consiste em criar riqueza. O espírito de lucro responde a um interesse legítimo, mas o desprestígio social da expressão dificulta a compreensão do universo moral em que se desenvolvem os sistemas de criação e distribuição de riqueza. Este *ethos* é consubstancial

* José Ferrater Mora, *Diccionario de Filosofía*, Barcelona, Círculo de Lectores, 1992.

a toda atividade produtiva e, portanto, também às empresas de informação que participam plenamente dos valores das empresas comuns, inclusive aqueles que podem ser considerados negativos, os contravalores ou desvalores. O objetivo de qualquer uma delas é ganhar dinheiro, e o fato de que sirvam a interesses comunitários de outro alcance, básicos para a conformação e o exercício da democracia, não desmerece uma vírgula dessa afirmação. No entanto, é frequente ouvir críticas no sentido da imoralidade, ou pouco menos, dos que se dedicam a comerciar com a informação e é fácil detectar os protestos que se fazem ouvir porque esta última se transformou em mercadoria. Tudo é mercadoria na economia desenvolvida capitalista, a começar pelas necessidades primárias do homem: alimentação, moradia e vestuário, educação e saúde. Mercadorias são também o trabalho, o dinheiro – além de serem considerados instrumentos de troca –, a arte, a poesia e a religião. Por que o mundo da imprensa e dos meios de comunicação deveria se envergonhar por visar o lucro? Ele só tem obrigação de fazer isso dentro do respeito às regras gerais da atividade econômica e às regras particulares e específicas de sua própria natureza.

Contudo, por outro lado, a informação e a opinião pública estão instaladas no coração da democracia. As empresas de informação trabalham com uma matéria-prima que não é sua, administram um bem público e um direito geral dos cidadãos e, consequentemente, além de estar sujeitas a cauções e limitações específicas, nem sempre toleráveis, incorporam às suas formas de atuação valores que lhes são próprios, embora não constituam mais que um desenvolvimento de princípios quase universais. Em sua descrição, encontramos problemas tradicionais da própria teoria dos valores, pois é difícil estabelecer se eles são meramente objetivos ou se dependem da interpretação subjetiva de alguém.

Em palavras claras, se desejamos as coisas porque são valiosas ou se as coisas são valiosas porque as desejamos. Os estudiosos e profissionais dos meios de comunicação tendem a confundir e utilizar indistintamente os dois argumentos. Por um lado, a circulação dos jornais, a audiência das emissoras de rádio ou televisão, a venda maciça de um livro ou o sucesso de um filme são identificados pela indústria e pelos criadores como valores em si mesmos. Por mais maldito e incompreendido que se sinta um escritor, jamais renunciará a ser lido. Nas empresas de informação, a difusão é, portanto, um mérito em si mesma e a ela estão ligados não apenas o sucesso empresarial ou econômico, mas também o destino pessoal e profissional dos jornalistas que a tornam possível. Este valor, típico dos jornais e emissoras, é criticado frequentemente, como se fosse um contravalor, por aqueles que se sentem prejudicados pelas informações publicadas. A acusação de que se edita qualquer coisa, desde que venda ou ocupe os primeiros lugares na audiência tende a destruir a credibilidade dos meios de comunicação e a ocultar a veracidade ou não de suas informações e denúncias através de uma inquisição sobre os motivos que as geraram. Semelhantes ataques surtem muito pouco efeito na opinião pública, mas conseguiram gerar uma névoa considerável em torno da credibilidade dos jornais e programas de rádio e televisão.

Penso que se trata de uma discussão estéril. A obrigação das empresas dedicadas à comunicação, assim como as de qualquer outro setor, é otimizar sua rentabilidade, o que supõe necessariamente um aumento das vendas, mas não significa que, para isso, possam utilizar qualquer tipo de método, como o "vale tudo!" mencionado anteriormente. Diante da subjetividade do valor da difusão – subjetividade ancorada na decisão dos outros de ler ou ouvir o que digo ou escrevo –, ergue-se a objetividade da qualidade do que é difundido. Não são poucos os profissionais que avaliam o acerto de suas decisões e do conteúdo de suas publicações ou programas em função exclusivamente da aceitação pública dos mesmos. O argumento é singularmente enganoso quando pretende defender os excessos da baixaria televisiva e absolutamente intolerável quando parte de representantes das emissoras públicas. A existência dessas emissoras baseia-se numa teoria formal sobre os meios de comunicação que tende a considerá-los instrumentos de um serviço público e não um veículo para o exercício de um direito fundamental dos cidadãos. A distinção é básica. Em torno dela, deflagraram-se intensos debates ao longo do século passado, entre os quais cabe destacar a discussão gerada pelo relatório da Unesco dirigido pelo prêmio Nobel da Paz Sean McBride,* sobre a "Nova ordem mundial da informação". Interpretá-la como um direito subjetivo dos indivíduos – tanto o de informar os outros, quanto o de ser informado pelas instituições e pela administração pública – é a forma mais correta de abordar o tema, embora não seja a única, pois é impossível negar o valor educativo dos meios de comunicação, sobretudo nas sociedades emergentes, e as injustiças a que são submetidas por uma visão exclusivamente ocidental (ou seja, dos Estados Unidos) dos acontecimentos. De todo modo, o papel do Estado na hora de garantir o direito à informação deve ser exclusivamente regulador, e os excessos intervencionistas a que estamos acostumados respondem, em geral, a desejos de manipulação do poder. A declaração da televisão como um serviço público essencial – tal como se faz em nossas leis – é uma atribuição formal de valor a esse meio de comunicação,

* Sean McBride e outros, Unesco, *Um mundo de muitas vozes* (*Relatório McBride*), Rio de Janeiro: Ed. FGV. Em sua sessão XXI, a Conferência Geral da Unesco (Belgrado, 1980) discutiu o relatório e, durante algum tempo, apoiou a ideia de uma "Nova ordem mundial da informação".

na tentativa de justificar todo tipo de arbitrariedades do governo central e dos governos das comunidades autônomas. De acordo com esta teoria, a difusão, enquanto tal, não poderia nem deveria ser considerada um mérito no campo dos meios de comunicação públicos, mas apenas a consequência imediata da qualidade dos mesmos. Algo que está claramente muito distante da realidade.

A independência é outro dos valores atribuídos habitualmente às empresas de informação que obtêm sucesso. A credibilidade de um jornal depende do rigor de suas informações, rigor este que será discutível se ele não mostrar que é capaz de resistir às mais variadas pressões que os meios de comunicação podem sofrer. De acordo com o dicionário de Miguel y Morente, o significado etimológico de independência é *summa libertas* e, portanto, implica uma ausência de amarras e de compromissos que, em sua realização última, mostra-se totalmente utópica. São muitas as lamentações diante da impossibilidade de alcançar um bem tão apreciado, o que poria, por outro lado, a corrupção e deterioração dos meios de comunicação em destaque. Às vezes, o termo independência adquire conotações quase risíveis. *El País* ganhou as ruas no último quarto do século XX com um lema estampado logo abaixo do cabeçalho: "Jornal independente da manhã", slogan que até poucos anos atrás se destacava em sua primeira página. A intenção dos que fundamos o jornal era expressar publicamente uma ausência de compromissos, ideológicos ou de qualquer outro tipo, com grupos ou pessoas que pudessem interferir em nossa atividade. O jornal surgiu com uma economia muito justa, uma rotativa incapaz de atender à demanda que surgiu e dificuldades técnicas enormes e, por tudo isso, chegava às bancas muito tarde e, muitas vezes, em sua primeira infância, não conseguia chegar antes do meio-dia. Por isso, quando as pessoas perguntavam de que ou de quem

El País era independente, respondíamos com ironia: "Como o próprio cabeçalho diz, é independente da manhã." Não faz muito tempo, em virtude de uma mudança substancial do jornal (talvez a primeira que realmente mereça esse nome desde a sua fundação), pensamos que era o momento de eliminar o emblema "jornal independente". Não porque não o fôssemos, mas porque acreditávamos que essa já não era uma marca especialmente distintiva em meio à profusão de meios de comunicação que inundavam o ambiente. Substituir este lema pela divisa "o jornal global em espanhol" foi ideia de Javier Moreno, o atual diretor, à qual aderimos entusiasticamente, tanto Jesús Ceberio, que o precedeu no posto, quanto eu mesmo. Não havia melhor maneira de definir o projeto que nos animava e ainda nos anima neste exato momento.

A independência de muitos meios de comunicação é colocada em dúvida de maneira frívola, pois pertencem inevitavelmente a alguém que, como é lógico, exerce seu poder ou influência sobre eles. Trata-se de um raciocínio absolutamente primário. Entre a arrogante disposição dos jornalistas – frequente entre os comunicadores de rádio e televisão – de proclamar que nem o próprio Deus diz o que devem ou não dizer e fazer, e a estúpida suposição de que os meios de comunicação são a voz do dono e respondem única e primordialmente aos desejos desse patrão, existe uma infinidade de matizes e contradições que configuram o mundo real. A independência de um meio de comunicação só pode existir, se seus proprietários e gestores assumirem um compromisso genuíno com as características próprias da empresa que dirigem. Na época em que era proprietário do *Times* londrino, Roy Thompson afirmou o seguinte: "Declaro com ênfase absoluta que nenhuma pessoa ou grupo pode comprar o apoio de nenhum jornal do grupo Thompson ou usar de influências para obtê-lo. Cada jornal é capaz de perceber o interesse público usando seus próprios meios e deve fazê-lo sem seguir conselhos, recomendações ou indicações da organização central Thompson. Não considero que uma publicação possa ser administrada adequadamente, se suas colunas editoriais não são dirigidas com liberdade e independência por um jornalista profissional de grande capacidade e total dedicação. Esta é e continuará sendo a minha política." E a minha também, acrescento eu, assim como é a de qualquer empresário do ramo que sabe que a independência – especialmente nos jornais ditos de qualidade e nos programas de informação e opinião das televisões e rádios – constitui um ativo empresarial de primeira ordem.

E a rentabilidade da própria empresa consiste numa garantia relevante dessa independência. Enquanto não for obrigada a lançar mão de subvenções públicas ou privadas para subsistir, seus profissionais estarão mais abrigados contra qualquer tipo de interferência no que diz respeito às decisões editoriais, que devem ser tomadas de maneira autônoma pela direção e pela redação. Essa questão é tradicionalmente malcompreendida por muitos jornalistas apegados à versão romântica, quase boêmia, da profissão e que pensam que a pobreza é condição inalienável da liberdade, talvez como reação à infâmia dos que supõem que ela é, na verdade, muito cara, pois têm uma fé cega na capacidade do dinheiro para comprar e corromper tudo. Um jornal que sacrifica sua rentabilidade aos fantasmas particulares, às obsessões ou à teimosia de seu diretor está condenado ao fracasso, assim como aquele que se afasta dos comportamentos profissionais básicos, alegando a defesa do lucro. Se as coisas forem benfeitas, é possível gerar um círculo virtuoso e interessante, no qual a independência editorial constitui um valor empresarial em virtude da rentabilidade que proporciona, rentabilidade esta que se transforma, portanto, em garantia explícita de tal independência.

No que diz respeito às notícias, um diretor de jornal deve agir como administrador de uma propriedade pública – o direito à informação –, mas muitas outras coisas de grande importância vão depender do que decidir fazer: a continuidade da empresa, os postos de trabalho, a própria sobrevivência da tribuna que dirige. Nas empresas jornalísticas, decisões têm de ser tomadas continuamente. O número de decisões que aqueles que fabricam jornais ou noticiários audiovisuais têm que tomar ao longo de um dia é quase infinito. Comparando com o que acontece em outras indústrias, a característica destas decisões é que muitas vezes não podem ser compartilhadas ou longamente meditadas. Os responsáveis por isso habitualmente têm muito a ver com a natureza e o conteúdo dos produtos: são jornalistas ou produtores treinados para seu trabalho, mas nem sempre parecem conscientes das consequências econômicas de seus atos para o futuro de toda a empresa. O curto prazo para solucionar as questões pode se limitar, quer se queira quer não, a algumas horas, às vezes minutos, e só é possivel garantir o sucesso quando os administradores da empresa se dão conta disso e mantêm uma relação adequada com os criadores de conteúdos.

E quando o sucesso chegou, a indústria midiática se transformou, até hoje, numa das mais duradouras e com mais capacidade de administrar os planejamentos a longo prazo, o investimento e a previsão do futuro. Existem poucos produtos e marcas no mercado que tenham durado mais de 100 ou 200 anos e, entre esses poucos, encontram-se muitos títulos de jornais. Isso permite a combinação das decisões de curto prazo com as estratégias de longo alcance, estabelecendo controles capazes de impedir que a administração do dia a dia prejudique a visão de futuro de que falamos. A prontidão, a rapidez na tomada de decisões na cultura empresarial dos jornais implica em características que surpreendem aos que se incorporam a eles vindos de outros setores produtivos. A flexibilidade nos horários e no trato entre o pessoal e os comandos, a necessária autoridade destes últimos baseada em seu conhecimento e em seu currículo profissional e não apenas no lugar que ocupam no organograma, a identificação com os consumidores destinatários do produto e com o conteúdo social das tarefas dedicadas à informação e ao entretenimento são outras das várias virtudes (valores?) congêneres da empresa jornalística. A continuidade das equipes também favorece o exercício natural do duplo olhar: um olho nos resultados imediatos, outro no rumo geral da empresa. Embora seja preciso garantir a rotatividade do quadro de funcionários, a estabilidade dos mesmos é uma condição básica do crescimento sustentado de um projeto editorial. Esta continuidade na gestão pode produzir uma certa endogamia mas, no final, quando se consegue evitar esse perigo, gera benefícios.

O capital humano, o talento, é mais necessário que qualquer outra coisa na criação de riqueza. A fidelidade a um conceito, base de qualquer sucesso empresarial, exige paciência e vontade, coisas que não se adquirem nas escolas de administração. O desenvolvimento de grandes e complexos conglomerados empresariais nasce nesse sentido, em geral, de ideias relativamente simples. Citarei algumas que parecem uma obviedade, mas ilustram às mil maravilhas o que quero explicar: o êxito de um jornal depende de seus leitores, da capacidade de encontrar seu mercado e de fazer com que alcance a dimensão adequada. Existem duas condições básicas para um jornal de referência: a credibilidade e a independência. A rentabilidade é garantia da manutenção desta última e constitui ao mesmo tempo a base de sua qualidade profissional. A atividade editorial de um jornal se resume a um pacto entre seus leitores, os jornalistas que o escrevem e os acionistas da empresa. Sem esta comunhão de interesses, o fracasso é certo.

Tradicionalmente, um jornal tem de atender a dois mercados: o mercado dos leitores e o da publicidade. São convergentes, mas distintos, e não é incomum que entrem em confronto entre si. A publicidade oficial e de empresas públicas foi e continua a ser utilizada pelos governos de muitos países para influir nas linhas editoriais dos jornais. Alguns poderosos anunciantes privados também costumam exercer pressões desse tipo. Os jornalistas precisam compreender que os anúncios são fundamentais para financiar os meios de comunicação. Não constituem um inimigo do sistema, mas sim um aliado e, no que diz respeito à economia em geral, contribuem para a formação racional dos preços e para a orientação da demanda. Há quase meio século, Marshal McLuhan[*] explicou que, de um ponto de vista sociológico, a publicidade representa as boas notícias, as que informam que o armazém da esquina está com ofertas imperdíveis ou que finalmente estreou o último filme de Batman. Um jornal sem publicidade é um jornal chato.

A estes dois mercados já se somou, com força surpreendente, um terceiro: o das promoções. Os jornais europeus vêm perdendo público num ritmo próximo de um milhão de exemplares em média por ano e esta crise de circulação intensificou o fenômeno. As promoções começaram como um valor agregado dos jornais, concebidos para fidelizar a audiência e incrementar as vendas, mas acabaram se transformando numa parte obrigatória do produto, pois criaram

[*] Marshall McLuhan, *Os meios de comunicação como extensões do homem*, tradução: Décio Pignatari, 3ª ed., São Paulo, Cultrix, 1971.

no leitor um hábito difícil de corrigir. Desde o início deste século, a febre promocional que assola todos os tipos de publicações tem sido muito forte, em certa medida como resposta ao apogeu da imprensa gratuita. Os editores veem nelas uma oportunidade de negócio, tentando atrair um público que, não fosse isso, nunca compraria o jornal. Os jovens são um dos alvos preferenciais. Graças a tais métodos, houve um incremento das receitas, mas nem sempre acompanhado pela maior rentabilidade dos negócios. Isso porque, entre outras coisas, para que o público fique sabendo que amanhã venderemos, junto com as notícias e os artigos, uma boneca Barbie ou um envelope de sopa instantânea, não há outro remédio senão anunciar na televisão. Em 2006, a indústria jornalística espanhola investiu cerca de 12% de suas receitas anuais no financiamento de campanhas promocionais, num custo de 334 milhões de euros.*

Muitos se perguntam quanto durará esta mania, talvez porque andem esquecidos de que caminhamos com ela há mais de cem anos, embora com intensidade diversa. As promoções evidenciaram que as bancas de jornais formam um sistema formidável de distribuição de bens e serviços. A agilidade e rapidez na cobrança, a relação direta com o consumidor, a fluidez da informação sobre a aceitação ou não de cada produto são imbatíveis. O que permite supor que estamos diante de uma nova linha de negócios da indústria editorial e não diante de uma simples moda passageira.

A rentabilidade é crucial para a independência, mas obviamente não é tudo. Alcançar a suma liberdade implica em desprender-se de amarras ideológicas, de compromissos pessoais, de preconceitos, de simpatias e fobias. Isso

---

* Informe Deloitte 2006.

não significa que os meios de comunicação, especialmente os jornais, devam se comportar de forma neutra diante dos acontecimentos. É lógico e desejável que se pronunciem a respeito, que tomem posição e façam suas apostas particulares. A polaridade dos valores adquire aqui todo o seu significado. Um jornal independente não é um jornal asséptico, nem eclético, mas deve ser relativamente imprevisível em suas tomadas de posição. A independência pressupõe, igualmente, a transparência, regra frequentemente esquecida pelos administradores das empresas. A identificação pública dos proprietários dos meios de comunicação é um dado mais que relevante, quando se trata de estabelecer um juízo sobre eles e de avaliar precisamente o significado de suas atitudes. A opacidade conspira contra a credibilidade. O público tem direito de saber da situação contábil e patrimonial destas empresas, das cifras objetivas e não manipuladas de difusão e audiência, dos custos gerais das operações, das condições de trabalho dos jornalistas e da evolução dos negócios. Isso é mais importante ainda, se fosse possível, naqueles que são de titularidade pública e que, de ordinário, acabam sendo, paradoxalmente, os mais secretos e obscurantistas.

No entanto, por mais independentes que sejam os jornais, não podem sê-lo, muito pelo contrário, em relação à sociedade que os acolhe e sustenta. A **não independência dos valores em relação a outros valores** marca até que ponto é pertinente que os meios de comunicação sejam capazes de incorporar os princípios gerais da comunidade a que se dirigem e que devem servir. Nem todos precisam fazê-lo da mesma forma ou no mesmo sentido, mas todos têm obrigação, de um modo ou de outro, de participar do elenco consensual de valores que sustentam uma sociedade. As empresas de informação que se prezem devem, portanto, defender pontos básicos como o princípio tantas vezes esquecido de que a liberdade de um termina quando começa a liberdade do vizinho. Assim sendo, terão que colocar muitas vezes na balança a defesa de determinados direitos diante de outros com os quais se pode entrar em rota de colisão ou conflito. Os meios de comunicação não são apenas exponentes de valores, mas também seus criadores e difusores, até extremos às vezes insuportáveis. Além de reproduzir ou representar a realidade, têm de construí-la. Por vezes, fazem isso de maneira tão sufocante que algumas pessoas passam a acreditar que esta é definitivamente sua missão, ao contrário dos que os veem como simples elos de ligação entre a realidade e os indivíduos. Em qualquer caso, existe uma espécie de verdade midiática que nem sempre coincide necessariamente com a verdade pura e simples. A influência da televisão nas modas estéticas, nas roupas e nos costumes das pessoas ou do rádio na elaboração da linguagem é enorme. A extensão do mau gosto, da baixaria, da ninharia, do grotesco* em suas facetas menos literárias se deve, em grande parte, a alguns programas audiovisuais, mas também à cumplicidade dos gestores culturais do país e aos excessos do jornalismo sensacionalista. A televisão não influi somente pelo que diz ou cala, mas também pelo que mostra e pelo modo como o faz. Penteados, gravatas, comidas, expressões, costumes, atitudes fazem parte do conjunto de valores sociais que acabam por configurar a identidade dos grupos. O poder de persuasão dos seriados dos Estados Unidos é tão grande, que hoje o público espanhol está mais familiarizado com os aspectos processuais dos sistemas judicial e forense daquele país do que com os de nosso próprio. Se a identidade cultural ainda

* No original *esperpento*, coisa muito feia e/ou assustadora, mas também um gênero literário espanhol criado por Ramon del Valle-Inclán, que propõe a deformação sistemática da realidade, destacando seus traços grotescos e absurdos. (N. da T.)

significa algo na conformação das instituições políticas, a crescente homogeneização de formas de vida e comportamento que a globalização supõe conspira contra estas identidades que pretendem sustentar poderes soberanos. Mesmo dublados em castelhano, catalão ou basco, em termos de valores, a mensagem dos filmes de Hollywood permanece a mesma. Paradoxalmente, quanto mais se aproxima das sensibilidades locais ou regionais através da incorporação das diferentes linguagens autóctones, maior será sua capacidade de penetração.

No interior das empresas jornalísticas, conflitos de valores ou de interesses entre aqueles que são próprios e característicos dessas organizações e os que dizem respeito aos princípios de criação de riqueza acontecem com certa frequência. Situações desse tipo se produzem igualmente nos negócios dedicados à educação ou à saúde, e a deontologia mais elementar ajuda a resolvê-las sem problemas. No que concerne estritamente à informação, existem normas gerais tão óbvias que não vale nem a pena insistir no assunto. Basta assinalar que ninguém deve publicar uma notícia sabidamente falsa, nem deve calar notícias de interesse público se sua veracidade foi comprovada, mesmo que afetem os interesses de alguém, seja o governo, um grupo de pressão, o proprietário da empresa ou os profissionais que nela trabalham. Semelhante enunciado é muito simples, por mais que sua prática se mostre complexa, e certamente não estamos falando de comportamentos utópicos ou extravagantes.

Mais uma vez, as maiores contradições e desafios neste terreno emanam sem dúvida do universo digital. Graças a ele, é tão grande o número de canais de distribuição das notícias e a multiplicação dos sistemas que a própria informação começa a se transformar numa espécie de commodity ao alcance de qualquer um por muito pouco dinheiro ou até mesmo gratuitamente. Já observei aqui que são a análise, a interpretação e a coordenação dos dados que valorizam a própria informação, que termina sendo quase um bem sem dono. A convergência digital causou, além do mais, um processo de concentração em todos os setores. Se antes já era notável, hoje é acachapante. As empresas de informação tendem a se organizar em torno de gigantescos conglomerados que controlam jornais, emissoras de rádio e TV, produtoras, distribuidores e exibidores de cinema e de programas audiovisuais, criadores de softwares e provedores de telecomunicações. Poderíamos supor que o volume ou o tamanho é um novo valor agregado da empresa de informação do presente ou um contravalor na medida em que conspira contra a independência e a transparência, contra a dispersão do poder, que é uma das marcas de identificação da democracia. Não existe nenhuma constatação empírica de que isto aconteça exatamente assim. A bem dizer, muitas grandes empresas permitem a sobrevivência de jornais de pequena difusão e garantem a independência de órgãos locais ou regionais que, sem o apoio delas, poderiam ficar sujeitos a outros tipos de poderes. Quanto ao resto, seria absurdo tentar negar os riscos ou as ameaças que uma concentração mal digerida e mal regulada pode significar para o exercício de determinados direitos democráticos. Assim como é preciso entender que, para competir no mundo global, é necessário fazê-lo globalmente e que somente as empresas de tamanho acentuado poderão fazê-lo no futuro.

A convergência digital define uma tendência das empresas de informação de se transformarem em empresas de entretenimento, tal como se ufanava Murdoch. Não é preciso se escandalizar. Chesterton dizia, com toda razão, que "'divertido' não é o contrário de sério. 'Divertido' é o contrário de 'enfadonho' e nada mais" e, em nosso Século de Ouro,

Tirso de Molina já se esforçava para instruir divertindo. É tarefa dos profissionais saber combinar a reflexão com a diversão, a denúncia com o diletantismo e o prazer com a responsabilidade. O entretenimento – *entertainment* – engloba todos os aspectos de nossas vidas nessa vitória permanente do *Homo ludens* sobre seus competidores. Não falta quem acredite que um dos objetivos da democracia é divertir as pessoas, e assuntos como o caso Monica Lewinsky serviriam a este propósito. Mas não se trata, em minha opinião, de distrair as pessoas dos assuntos importantes, mas antes de converter as anedotas dos que nos governam em categoria, o que constituiu um recurso muito literário. Passamos da célebre máxima *there is no business like show business* (não há negócio como o do espetáculo) para a que diz que não há negócio sem o espetáculo, *without show business*. E isso acabou se transformando num dos valores a ser incorporado às empresas de informação, que já não são apenas isso, mas verdadeiros conglomerados de indústria cultural, lazer, entretenimento e comunicação.

Algumas dessas proposições podem decepcionar ou escandalizar os que, com toda a justiça, veem na liberdade de expressão um pilar fundamental da democracia. Diria apenas que esta deve sair fortalecida pelos novos fenômenos que afetam a tecnologia e a organização social, basta que sejamos capazes de nos aproximar deles com a devida curiosidade, com espírito crítico, mas sem um ânimo hostil. Os preconceitos e as paixões do mundo que se acaba terão que ceder lugar a pontos de vista e emoções diferentes. O principal valor das empresas de informação será o capital humano que forem capazes de desenvolver. Na existência de uma classe profissional bem treinada, com habilidades técnicas e atitudes morais reside o futuro destas organizações que trabalham com matéria ao mesmo tempo tão maleável, delicada e poderosa quanto o pensamento e as ideias. Enquanto houver jornalistas, produtores, escritores, roteiristas capazes de interpretar os desejos e os estados de espírito das pessoas, enquanto houver criadores com a paixão e o entendimento necessários para servir à sua comunidade, as empresas e grupos de comunicações, o mundo da mídia em geral, continuarão desempenhando um papel fundamental na estruturação de nossas sociedades e no gozo de nossa liberdade.

Assassinos

Entre os anos 1090 e 1272, numerosos grupos de muçulmanos ismaelitas se organizaram para repelir a invasão dos cruzados nos territórios hoje ocupados pelo Estado sírio. Como no caso dos fundamentalistas de agora, eram gente de uma ferocidade ilimitada, dispostos a dar a vida em defesa dos locais sagrados e da vitória contra os infiéis. Para aumentar o ânimo na ação e prevendo que sua bravura decresceria diante do perigo, costumavam se drogar com haxixe antes de entrar na batalha. Assim nasceram os *hashishin* ou consumidores de haxixe, cujo apelativo logo derivou, nas línguas românicas, nos vocábulos *assassino*, *asesino*, *assassin* etc. Em suas origens, um assassino é, portanto, um fanático matador de seu próximo, alguém que utiliza a violência contra o outro como método, quando não como um fim em si mesmo, e que opera sob os efeitos de uma alienação conscientemente assumida.

Devo esta informação sobre a etimologia da palavra ao professor da Universidade de Georgetown, Bruce Hoffman,* renomado especialista em temas relacionados ao terrorismo, que estudou durante anos as relações entre terrorismo e movimentos religiosos ao longo da história. Pode nos servir

---

* Bruce Hoffman, *Inside Terrorism* [Dentro do terrorismo], Nova York, Columbia University Press, 1996; e *A mano armada. Historia del terrorismo* [À mão armada. História do terrorismo], Madri, Espasa, 1999.

para ilustrar o fato de que o fenômeno terrorista mergulha suas raízes desde sempre no fanatismo ideológico, religioso ou político e não alimenta suas fileiras com indivíduos imbuídos de motivações idealistas, mas preferencialmente com personagens obsessivos que, depois de manipulados com habilidade, acabam dominados por uma autêntica psicopatia. O terrorismo não é um fenômeno de nosso tempo apenas, assim como também não é um apelo essencial à violência em defesa de interesses ou posições políticas ou quando chega o momento de conquistar o poder que os outros nos negam. O recurso à força parece estar consubstancialmente ligado à natureza humana e os que a empregam justificam isso tanto por sua debilidade e pela opressão a que são submetidos, quanto por seu extremado poderio e pela necessidade de se fazer respeitar pelos demais.

Apesar de tudo isso, algumas características do terrorismo clássico o distinguem do resto das manifestações de violência, sejam institucionais ou pessoais. Em primeiro lugar está o desejo de obter notoriedade e publicidade para seus atos, que tendem a gerar um clima de insegurança nas populações e territórios nos quais atua; em seguida, a intenção de escolher as vítimas em função de sua simbologia social e não de suas características pessoais; por último, o caráter normalmente organizado, que possibilita a busca e obtenção de apoio em setores de opinião que, embora repudiando seus métodos, muitas vezes compreendem suas razões e até compartilham de seus objetivos.

Algo desse tipo acontecia em Israel durante o primeiro século de nossa era, quando os zelotes se organizaram em bandos de sicários, outra palavra que, com certeza, chegou aos nossos dias ligada a fenômenos desse gênero e que aqui, hoje, descreve sobretudo os matadores do terror comandados pelo narcotráfico na Colômbia. Os matadores israelitas atuavam à luz do dia com publicidade e ostentação, assassinando de forma indiscriminada qualquer representante do poder romano na Palestina ocupada ou alguns de seus compatriotas que os próprios assassinos reputavam como colaboracionistas. Portanto, o aspecto teatral ou espetacular que acompanha as ações dos grupos terroristas também não constitui qualquer novidade. Ficar conhecido, chamar atenção faz parte do núcleo central de tal atividade; a única coisa que é diferente hoje em dia é a extensão e a importância adquirida pelos sistemas de comunicação de massa, que permitem que nossos atos tenham uma publicidade e uma ressonância de proporções inimagináveis até bem pouco tempo atrás.

Existe uma convicção geral em relação ao fato de que a publicidade, o impacto na opinião pública constitui uma das condições essenciais do terrorismo e é seu traço distintivo em relação a outras formas execráveis de violência, como a tortura ou a conspiração, especialidades que, por sua própria natureza, exigem segredo. Umberto Eco chegou a afirmar que "o terrorismo é um fenômeno da época dos meios de comunicação de massa. Se não houvesse meios de alcance maciço, tais fatos destinados a ser notícia não se produziriam".[*] No mesmo sentido, Marshall McLuhan afirmava que "sem comunicação não haveria terrorismo"[**] e Brian Michael Jenkins[***] destaca que "os terroristas querem muita gente prestando atenção e testemunhando, mas não necessariamente um

---

[*] *El País*, 4 de fevereiro de 1978.

[**] Citado por María Gil-Casares em *Terrorismo y medios de comunicación* [Terrorismo e meios de comunicação], http://www.funciva.org/uploads/ficheros_documentos/1211368982_maria_gil_casares.pdf, Universidade Complutense, 2008, p. 6.

[***] Brian Michael Jenkins, *International Terrorism and World Security* [Terrorismo internacional e segurança mundial], Londres, Croom Helm, 1975, p. 15.

grande número de mortos". Poderíamos concluir então que o terrorismo é fundamentalmente uma ação de comunicação, de modo que seus atos não são tão importantes pelos danos diretos que causam – mesmo que sejam muitíssimos graves –, mas antes pela mensagem que conseguem transmitir através de seus procedimentos brutais. Desse ponto de vista, os terroristas não estão preocupados com as vítimas, mas sim com os sobreviventes de suas ações. As primeiras são apenas um meio cruento e necessário para transmitir a mensagem.

É frequente ler nos jornais e ouvir nos discursos dos políticos que o objetivo dos terroristas é a morte e a destruição em si mesma, de modo que seus atos são desprovidos de qualquer racionalidade. Até entendo a motivação última de semelhante argumento, mas não posso concordar com ele. O fato de que a lógica de um assassino é diferente daquela de uma pessoa comum ou de bem não quer dizer que não contenha uma lógica. Os terroristas sabem o que fazem quando matam pessoas inocentes de forma indiscriminada e brutal, conhecem o alcance do recado que são capazes de transmitir através de procedimentos tão ignóbeis e, o que é pior, estão conscientes da efetividade de seu método. Qualquer interpretação que se afaste dessa forma de analisar o fenômeno dificultará a busca de soluções que afastem de nós o fantasma da violência política.

O terrorismo moderno encontra seu caldo de cultura principal nos meios de comunicação de massa. A sociedade midiática é sua aliada e, de forma paradoxal, sua vítima preferencial. O terrorismo moderno procura submeter a opinião pública e seus agentes à ditadura do terror, à desconfiança e ao medo. Por isso mesmo, o comportamento e as relações dos meios de comunicação com o fenômeno terrorista ocupam grande parte das preocupações de especialistas, policiais, políticos, juízes e pesquisadores sociais.

Lidamos nesta questão com materiais muito delicados que afetam justamente a consciência mais íntima das pessoas, as convicções mais arraigadas e emoções de todo tipo, sobretudo em países como a Espanha, no qual o sangue das vítimas do ETA e do fundamentalismo islâmico clama por justiça e reparação. Como jornalista, tive muitas vezes que enfrentar decisões importantes relacionadas a notícias ligadas ao terrorismo, participei de inúmeros simpósios, conferências e seminários internacionais sobre o tema e penso que posso contribuir com um ponto de vista razoável, distante dos estereótipos a que estamos acostumados, fruto em muitas ocasiões, ocasiões demais, da manipulação política e do fechamento intelectual. Por isso mesmo, tenho interesse em denunciar alguns lugares-comuns utilizados recorrentemente para justificar atitudes ou explicar decisões discutíveis na luta antiterrorista. Talvez assim possamos ir construindo, todos juntos, um caminho de diálogo que facilite o futuro.

A primeira vulgaridade, muito em voga, é aquela que assegura que, como não existe terrorismo bom – e com isto estou de acordo –, **todos os terrorismos são iguais**. Trata-se de uma afirmação fácil de encontrar nos discursos dos responsáveis pela luta contra o crime organizado e nos slogans dos governantes. Foi um conceito profusamente utilizado pelo primeiro-ministro Aznar na época em que esteve à frente do governo espanhol. Penso, ao contrário, que os terrorismos podem ser e são muito diferentes, por mais execráveis que sejam. Mais ainda: quase todos eles são distintos entre si, por maiores que sejam os vínculos operativos e ideológicos que pretendam estabelecer. Poderíamos elaborar uma primeira classificação apenas contemplando o que acontece a nosso redor e descobriríamos pelo menos cinco tipologias:

1. **O terrorismo engendrado pelo fanatismo ou fundamentalismo religioso**. É, sem dúvida, o caso da Al Qaeda, responsável pelo ataque às Torres Gêmeas de Nova York e pelas bombas na estação de metrô madrilenha de Atocha, mas também do Hamas ou dos judeus fanáticos de Gush Emunim ("Bloco dos crentes"), para quem as renúncias territoriais israelenses equivaliam a um sacrilégio. Um de seus membros assassinou Isaac Rabin, em 1995, durante um comício eleitoral em Jerusalém. O fato de que os fundamentalistas islâmicos floresçam em áreas depauperadas do planeta ou em países explorados pela intervenção estrangeira ou por suas próprias ditaduras tem muito a ver com a desesperança em que vivem seus habitantes. Os jovens iraquianos, os adolescentes palestinos que, como fizeram antes os seus homólogos iranianos, escolhem se autoimolar como bombas humanas para gerar graves danos ao inimigo não têm, de seu ponto de vista, nada a perder; não apreciam a própria vida como um bem a ser conservado e aspiram, em troca, ser recompesados por sua ação com o ingresso no Paraíso. Isso os torna invulneráveis a qualquer repressão e, por isso mesmo, a luta antiterrorista não demanda apenas medidas policiais, mas também precisa implementar políticas educativas e sociais que consigam oferecer um horizonte melhor a esses mártires, deserdados desde o nascimento.

A influência do integralismo religioso no uso da violência não é exclusiva dos movimentos terroristas. Em pleno século XX, o franquismo batizou seu particular empenho bélico com o nome de "cruzada", e na aurora deste milênio, vimos o presidente dos Estados Unidos invocar repetidas vezes o nome de Deus para justificar a invasão armada do Iraque, sob o pretexto de libertar seu povo do jugo de Saddam Hussein.

Em qualquer caso, o caráter suicida de tantos atentados assinados pelo fundamentalismo islâmico supõe uma considerável diferença em relação a outros fatos violentos de gênero igual ou parecido e suscita uma quantidade de interrogações difíceis de responder.

2. **O terrorismo estritamente ideológico**, como o das famosas Brigadas Vermelhas italianas, da Ação Direta, na França, ou o bando Baader-Meinhof, na Alemanha. Alguns de seus traços também podiam ser descobertos em movimentos como os antigos Montoneros, na Argentina. Ao fanatismo religioso, estes grupos opõem a pretensa racionalidade de suas análises históricas como justificativa de seus atos. Costumam ser integrados ou pelo menos dirigidos por indivíduos de alta qualificação intelectual e com frequência alimentam suas fileiras com jovens de boas famílias pertencentes à sociedade opulenta. Normalmente, escolhem suas vítimas entre os líderes ou representantes do sistema opressor: é a forma de transmitir com clareza e segurança seus pontos de vista, que têm muito a ver com um certo tipo de nostalgia anarquista.

3. **O terrorismo ligado a reivindicações nacionais ou territoriais**, no qual o terrorismo palestino também se enquadraria – à exceção de suas conotações fundamentalistas – e do qual os grupos ETA, IRA e os movimentos tchetchenos são representantes reconhecidos. Esse tipo de ativismo violento se caracteriza por encontrar apoios importantes na população civil, inclusive em círculos que, embora rejeitando a violência, consideram que seu uso é lícito diante dos fins perseguidos e da existência de outro tipo de violência institucional, proveniente dos Estados suposta ou realmente opressores.

4. **O terrorismo antiterrorista ou terrorismo de Estado**, que se alimenta dos cofres públicos e trabalha diretamente a serviço dos governos quando não participa, como

no caso de Israel, da própria política institucional. É praticado, às vezes, pelas forças de segurança ou exércitos, mas na maioria dos casos exige o recrutamento de mercenários, pagos através de fundos invisíveis manipulados por governos ou outras administrações e que, nos países democráticos, se furtam ao controle parlamentar. O Triplo A, da Argentina, os batalhões paramilitares no Brasil, o Batalhão Basco-espanhol ou o GAL em nosso país e até a figura legendária de James Bond se enquadram facilmente nesta categoria. A justificativa apresentada pelos governos para explicar a utilização de máfias em sua luta contra o terror não difere muito, além do mais, dos argumentos levantados para defender a legitimidade da ocupação do Iraque por parte das forças invasoras anglo-americanas. E serve, paradoxalmente, para dar razão às posições dialéticas daqueles terroristas que insistem em dizer que estão em guerra contra o Estado. Sendo assim, e admitindo que se trata de uma guerra insidiosa, escorregadia e muito mais ameaçadora que as tradicionais, o próprio Estado se veria legitimado para usar métodos semelhantes aos empregados por seus inimigos em sua ação subversiva. Desse ponto de vista, o excesso de garantias jurídicas para os criminosos de todo tipo nas legislações democráticas ofereceria um flanco frágil e solaparia a eficiência das tropas defensoras da legalidade. Daí a existência de limbos legais como o de Guantánamo, onde centenas de pessoas detidas por manterem – ou talvez não – relações com Bin Laden purgam sua condição de suspeitos. A legalização da tortura nos Estados Unidos, de acordo com as instruções do presidente Bush, respondia a motivos desse tipo e constituiu, certamente, um dos crimes de Estado mais abomináveis que algum governante poderia cometer. A decisão do presidente Obama de fechar a prisão de Guantánamo e proibir sevícias em nome da defesa da liberdade permite devolver a esperança a todos que pensamos que os direitos humanos e os princípios democráticos têm nos Estados Unidos um de seus grandes paladinos.

5. **O terrorismo individual**, cuja descrição desdiz um dos aspectos habitualmente característicos do fenômeno, que é sua vinculação a algum tipo de grupo organizado. É um terrorismo de ocorrência rara, mas às vezes tem um resultado extremamente mortífero, como é o caso do Unabomber, ou extremamente pernicioso, como foi o caso da distribuição de Antrax pelo correio.

Existem com certeza outras tipologias (é difícil por exemplo, enquadrar o terrorismo das FARC colombianas nas categorias anteriores) e dentro de todas elas poderíamos encontrar não poucas subdivisões. Minha intenção era apenas demonstrar que de maneira nenhuma as várias formas de terrorismo são iguais e, como não o são, não poderiam receber igual tratamento, nem por parte dos políticos, nem por parte dos meios de comunicação. Não se luta da mesma maneira contra o ETA e contra a Al Qaeda, nem contra esta última como contra as FARC ou o GAL. Terrorismos todos eles, mas todos diversos e, portanto, exigindo diagnósticos e tratamentos específicos.

A etiologia e natureza diversas de cada grupo explica igualmente o fato incontroverso de que alguém que é terrorista para alguns pode ser um herói nacional, líder espiritual ou valoroso guerrilheiro para outros. A confusão tem sido tão grande, inclusive entre nós, que, em certa ocasião, Aznar se permitiu usar em público, para designar o âmbito do ETA, o termo "Movimento de Libertação Nacional Basco", apelativo que, nem sequer para combatê-lo, tinha sido usado por nenhum outro meio de comunicação a não ser o jornal *Gara* ou seu predecessor nas bancas, *Egin*. A declaração solene de que todos os terrorismos são iguais só pode ser fruto da pulsão do pensamento único, ávido de encontrar soluções imediatas e definitivas para um fenômeno complexo e insidioso que não admite simplificações nem do ponto de vista político, nem na necessária ação repressiva. A única coisa em que todos os terrorismos são idênticos é no caráter miserável de sua condição moral.

Outro lugar-comum muito difundido é o que sustenta que, como os meios de comunicação atuam como propagandistas dos terroristas quando publicam e enfatizam suas ações, um pacto de silêncio ou uma espécie de autocensura facilitaria a repressão desses delitos e evitaria sua propagação. Nenhuma evidência existe da verdade dessa afirmativa, mas sim muitas provas e não poucas e convincentes razões que a contradizem. Numa sociedade midiática, é cada vez mais difícil – inclusive em comunidades tão fechadas quanto a chinesa – silenciar sobre os fatos. Uma minimização dos fatos por parte dos meios de comunicação, no caso que estamos tratando, traria consigo o risco potencial de que os terroristas aumentassem a pressão e a violência de suas ações até se fazerem notar inevitavelmente. A convicção generalizada dos jornalistas profissionais é de que os acontecimentos relacionados com o terrorismo devem ser tratados, no que concerne à verdade e aos direitos dos leitores e usuários, com o mesmo rigor usado para veicular qualquer outra notícia. A regra de ouro é a comprovação dos dados e a preocupação em servir o interesse daqueles que nos leem e ouvem. Isso pressupõe não fazer generalizações e estabelecer uma casuística que permita enfrentar as notícias deste tipo com o mesmo espírito interpretativo que se usaria para qualquer outra.

Mas esta não é uma visão compartilhada por todo mundo. A Assembleia do Conselho da Europa estabeleceu, em 1979, que "quando noticiam ações terroristas, os meios de comunicação devem aceitar um certo autocontrole para estabelecer um justo equilíbrio entre o direito do público à informação e o dever de evitar o auxílio aos terroristas". E nos anos 1980, Margaret Thatcher e Felipe González pediram que não déssemos ao terrorismo "o oxigênio da publicidade", em palavras textuais da primeira-ministra britânica. Estabelecer o limite entre propaganda e informação é uma decisão sempre discutível, mas os jornalistas devem tratar o terrorismo informativamente, como qualquer outro evento, e aplicar em todo caso os mesmo critérios de rigor informativo e responsabilidade social.

Tudo isso nos leva à necessidade de analisar se é correta ou não a suposição de que a publicação de entrevistas com terroristas ou a divulgação de seus comunicados é mais uma forma de cooperação. São notáveis as dificuldades que os responsáveis pelos meios de comunicação, sobretudo os audiovisuais, têm a esse respeito na hora de tomar decisões. O estabelecimento de uma regra geral que vá além das já citadas me parece impróprio. Muitas vezes, os terroristas exigiram a publicação de declarações, ameaçando matar as vítimas de sequestros, caso seu pedido não fosse atendido ou condicionando sua libertação a isso. Uma imposição semelhante atenta contra a mais mínima ideia de liberdade de expressão e não se pode ceder a este tipo de chantagem sem tê-lo em mente. Mas quando os direitos fundamentais entram em conflito com isso, os encarregados de tomar as decisões devem escolher o mal menor. Em minha atividade profissional, sempre defendi que a segurança e o direito à vida das vítimas vêm em primeiro lugar. Por isso, aceitei a oportunidade de pagar resgates e a impossibilidade de julgar severamente os que sofrem esta imposição revolucionária. Considero que o fanatismo terrorista não pode ser combatido a partir do fundamentalismo político, mas, sim, a partir da análise, da inteligência e do compromisso. Esta é a única maneira lógica de ajudar e mostrar nosso apoio às vítimas, das quais tantas vezes se diz – mais um lugar-comum – que são as grandes esquecidas e que é preciso exigir maior respeito social por elas.

Há dois aspectos desta proposta que é preciso distinguir: um é o apoio humano, econômico e de todo tipo a quem sofre as sequelas do terrorismo; o outro é a utilização política da dor. Em relação ao primeiro, tudo o que se fizer será pouco, embora as palavras dos políticos nem sempre concordem com os fatos: as reparações por danos continuam escassas e irregulares, existem distinções entre vítimas do terrorismo de um tipo e de outro, e às vezes é difícil encontrar respostas legais às justas demandas dos prejudicados. A citada solidariedade, tantas vezes proclamada com intenções eleitorais abusivas, é bem menor de um ponto de vista preventivo. Ao longo das últimas décadas, conheci dezenas de pessoas ameaçadas, empresários, políticos, jornalistas ou juízes, que não receberam a informação ou a ajuda policial – nem estou falando de proteção ou segurança – a que tinham direito e que se viram obrigadas a recorrer a meios privados para se proteger da angústia e do medo.

O outro é a utilização partidária, precisamente através da publicidade e dos meios de comunicação, da dor destas mesmas vítimas. Exemplo inquestionável disso foi o ato celebrado em Madri, na praça de touros de Las Ventas, em homenagem a Miguel Ángel Blanco, depois de seu sequestro e assassinato, onde a generosidade e os sentimentos de solidariedade das pessoas foram manipulados em benefício de um partido e de uma política determinados. Na época, pudemos comprovar até que ponto o espetáculo, a teatralidade e a publicidade inundam tudo, mesmo quando se trata de combater o terror: no bando dos assassinos e, desgraçadamente, na sociedade ameaçada por eles.

Quando era um jovem repórter, aprendi que a exploração do sofrimento alheio para vender mais jornais ou ganhar mais votos é imoral. Como não havia liberdade na Espanha, o ensinamento se referia sobretudo à maneira de tratar os eventos com sangue e a delinquência comum, pois havia fotógrafos que se dedicavam a instigar a angústia e o horror de quem tinha sofrido alguma desgraça para obter imagens sensacionalistas, singularmente expressivas. Hoje, são frequentes as queixas dos familiares de pessoas assassinadas por terroristas, quando as televisões repetem muitas e muitas vezes as sequências dos atentados, reproduzindo e reiterando a dor da perda dos entes queridos e também quando, muitas vezes, ficam sabendo de um fato trágico que os afeta pessoalmente através do rádio ou de outros meios de comunicação. Com exagerada frequência, vemos um pai sendo informado de que o filho foi vitimado por um atentado quando um repórter dispara à queima-roupa, com brutal naturalidade, uma pergunta sobre o assunto. Eu me somo a tais protestos. Já apontei com admiração e aplauso a sobriedade e o respeito que os canais de televisão dos Estados Unidos mostraram no tratamento das vítimas do 11 de Setembro. Nem um cadáver nas telas! (embora pudessem ser contados aos milhares nos cemitérios). Estar ao lado das vítimas significa protegê-las, honrá-las, oferecer trabalho, amizade e apoio, e não usá-las. Não podemos esquecer que, de um ponto de vista político, elas não são o objetivo do terrorismo, mas seu instrumento. O objetivo é a sociedade inteira, o terror generalizado.

Por razões idênticas, é inadmissível a atitude daqueles que insistem em dizer que temos de ser neutros, narrar os fatos sem nos envolver. Esta não é nem poderia ser uma postura honesta de um ponto de vista democrático. Uma coisa é abordar os criminosos, tentar descobrir seus motivos, analisar suas opiniões, sua psicologia, a raiz de seus atos; outra muito diferente é nos mostrarmos brandos ou distantes no combate contra o universo de dor e medo que são capazes de semear. Estamos diante de uma ameaça traiçoeira e letal contra as liberdades. Os que acreditamos na democracia não podemos deixar de nos defender nem desviar os olhos diante dos estragos que provoca.

Penso que as linhas antecedentes resumiram um útil guia para aqueles que precisam lidar com o fenômeno do terrorismo nos meios de comunicação. Conforme comentei anteriormente, eu mesmo estive muitas vezes na desagradável situação de ter de enfrentar circunstâncias deste tipo e sempre considerei cada caso em particular como método mais seguro na hora de escolher caminhos nem sempre fáceis e, certamente, sempre passíveis de discussão. Em matéria de terrorismo, nenhuma situação é idêntica à outra e, portanto, é preciso analisar cada fato separadamente à luz de critérios gerais estabelecidos de maneira sólida. Pessoalmente, enfrentei exigências feitas por terroristas de todos os matizes e solicitações de governos muito diversos que exigiam que colaborasse com meu silêncio e até mesmo com mentiras em nome da segurança do Estado. Este não foi o critério fundamental que guiou minhas escolhas, mas sim a salvaguarda de vidas humanas diante de qualquer outro argumento, por mais razoável e excelso que pudesse parecer. E como conclusão, esta preocupação com o direito à vida e à liberdade pessoal de nossos semelhantes é o que de melhor existe para iluminar qualquer pessoa nos momentos de dúvida ou de ponderações.

A segurança dos cidadãos nos sistemas democráticos é uma questão difícil que não pode ser aprovada através dos métodos expeditivos das ditaduras. A luta contra o terrorismo num Estado de direito está sujeita a limitações e entraves legais que são aproveitados pelos criminosos para tentar escapar da justiça. Os governos sofrem com demasiada frequência a tentação de recorrer a métodos expeditivos e a atalhos de moralidade duvidosa na hora de combater o terror.

A segurança democrática equivale à ausência de riscos no exercício da liberdade. Uma pessoa se sente segura, em grande parte, quando é capaz de evitar os perigos, quando pisa em terreno firme ao enfrentar a ameaça da indecisão, da ambiguidade ou do mistério. A segurança corresponde também a um instinto de defesa e presupõe um apelo ao uso da força. É frequente ouvir políticos e formadores de opinião dizendo que o exercício da democracia consiste na obtenção de um equilíbrio adequado entre segurança e liberdade, mas é preciso ser muito cuidadoso com este tipo de declaração, pois ela acaba estabelecendo a razão de Estado como justificativa para as limitações e censuras que o poder exerce em relação ao uso das liberdades individuais. Um exercício absolutamente seguro e sem riscos destas últimas teria como consequência, paradoxalmente, ter de renunciar a seu pleno usufruto.

A razão de Estado tende a se justificar em nome de outro tipo de segurança, a chamada segurança nacional, embora seja lícito questionar em que consiste esse conceito. O único conceito de segurança compatível com nosso ordenamento jurídico é o que se destina a fortalecer as liberdades e direitos democráticos. Garantir que as atividades do Estado voltadas para a manutenção da ordem pública não violem os princípios constitucionais não é suficiente: elas têm que se encaminhar para sua preservação. Qualquer outra atitude seria ilegítima e imoral.

O senso de responsabilidade dos jornalistas é continuamente solicitado pelos governantes, quando justificam suas exigências de silêncio, manipulação e censura apelando para o bem superior constituído pela segurança coletiva.

Tais chamadas à responsabilidade destacam as consequências previsíveis que poderiam derivar da publicação desta ou daquela notícia. Seria lamentável que, de uma forma geral, os profissionais da informação dessem ouvidos a semelhantes pressões. A obrigação moral e profissional dos jornalistas é contar os fatos, não calá-los, e a única responsabilidade que se deve exigir deles é a que emana da exigência de veracidade. É inadmissível pretender descarregar sobre eles a preocupação suplementar de averiguar ou avaliar os acontecimentos que ocorrem como consequência da publicação das notícias.

Isso não quer dizer que devam ser insensíveis ao bem geral e não devam avaliar os danos que podem se originar de suas publicações. Um jornalista é, antes de mais nada, um cidadão e, portanto, é normal e lógico que atenda aos interesses da comunidade no momento em que precisa tomar uma decisão. Mas é impossível estabelecer uma regra. É preciso determinar concretamente, em cada circunstância, quando uma informação pode ou deve ser silenciada em atenção a uma solicitação do poder ou tendo em vista evitar males maiores. E também quando deve ser publicada. Nesses casos, sempre defendi a necessidade de respeitar a autonomia de decisão dos diretores dos jornais.

As intromissões frequentes do poder político nos meios de comunicação sob pretexto de implementar a luta contra o terrorismo são, além de inúteis em relação aos objetivos propostos, uma séria ameaça para o exercício normal das liberdades cidadãs. Uma ameaça a mais a ser acrescentada àquela, já tão preocupante, que o próprio terrorismo representa.

O paradoxo global

A liberdade de imprensa foi uma reivindicação dos movimentos liberais do século XIX, em cujas raízes bebia a cultura política da democracia. As elites governantes do mundo civilizado pertenciam a uma sociedade letrada, instruída na tradição do livro, e os jornais, sede privilegiada do debate político, eram fenômenos locais ou nacionais, ancorados nos mais variados chauvinismos e quase sempre aferrados a sentimentos nacionalistas. Os jornais desempenharam o papel primordial de iluminar as revoluções burguesas, tão ou mais importante que o papel desempenhado pela *Enciclopédia* como motor do Iluminismo.* No entanto, os meios de comunicação de então (e os do século passado também) não eram nada mais nada menos que sistemas de intercâmbio de ideias ou de experiências, métodos de socialização da realidade e não substitutos da realidade mesma, como acabaram se convertendo nos últimos tempos.

O debate sobre a influência das novas tecnologias caminha mais devagar que a implantação de suas consequências.

---

* Na Espanha, o artigo primeiro do decreto pré-constitucional das Cortes de Cádiz de 10 de novembro de 1810 homologava, para as corporações e para os particulares, a liberdade de "escrever, imprimir e publicar suas ideias sem censura prévia". A liberdade de imprensa foi uma das conquistas mais importantes do programa revolucionário da burguesia liberal e, no texto constitucional de 1812, era reafirmada como um dos direitos definidores do novo regime.

Os meios de comunicação desempenham um papel fundamental na globalização, são ao mesmo tempo causa e efeito da mesma e contribuem para conformar o novo paradigma social. É preciso compreender plenamente o que significa este paradigma. A crise financeira que teve início com a quebra das hipotecas *subprime* não indica apenas uma falha conjuntural do sistema, mas constitui uma mudança estrutural, que traz à luz um novo arquétipo amparado pela utilização maciça e desordenada das tecnologias avançadas. A incorporação dos sistemas digitais na manipulação, transporte e recepção de informação permitiu reduzir a um único elemento – os *bites* – o que antes era composto por muitos elementos diferentes. O caráter convergente da nova cultura (textos, dados, imagens animadas e sons em contínua relação entre si) e os traços característicos da nova sociedade se resumem nesta simples explicação. Os satélites artificiais, a televisão digital terrestre, os novos métodos de gestão do conhecimento e tantas outras contribuições do mesmo tipo configuram um mundo complexo no qual a internet, a rede de redes, constitui o elemento essencial.

Mesmo considerando as dezenas de milhares de trabalhos escritos sobre a rede, as inúmeras pesquisas e simpósios organizados em torno do assunto e o esforço de organismos públicos e privados para compreender suas possibilidades, é difícil encontrar concepções válidas que nos permitam avançar nos estudos prospectivos acerca das consequências da sociedade digital. As teorias sobre o assunto foram se construindo mais propriamente através de constatações empíricas do que pela aplicação de critérios ou princípios predeterminados. Na alvorada do século XXI e no escasso prazo de um ano, o mundo passou do otimismo exagerado em relação ao futuro das tecnologias avançadas para mergulhar numa onda de ceticismo, quando não de pessimismo declarado, em consequência dos avatares das empresas da nova economia nas Bolsas de Valores. Mas o susto durou pouco e ninguém mais duvida, à parte os exageros e deformações provocados pelos mercados financeiros, de que o futuro, o presente já, está na rede. A velocidade com que correm os acontecimentos nos faz esquecer que o estouro da bolha tecnológica constituiu uma catástrofe de proporções consideráveis. Enquanto em 1999, as indústrias relacionadas com a internet geraram a quarta parte dos novos empregos criados nos Estados Unidos, nos dois primeiros anos do ano 2000 foram destruídos 35 mil postos de trabalho no setor, cujo valor em bolsa caiu cerca de 75%. Mas, apesar disso, Bill Gates já afirmava naquela época que os dez primeiros anos do século seriam batizados como a década digital. Agora podemos confirmar sua afirmação, e os exemplos são múltiplos: a indústria discográfica não existe mais como era então e a distribuição de música através de sistemas virtuais e não físicos se generalizou; a mobilidade se impõe nas telecomunicações e oferece prestações e serviços nunca antes imaginados, ao mesmo tempo em que os telefones celulares se transformam no veículo privilegiado de difusão das notícias; os grandes monopólios postais do Estado estão desaparecendo ou se privatizando e se transformando até a desfiguração, enquantro o uso do correio eletrônico e das SMS se universaliza. A transformação em realidade de outras previsões como a rápida implantação do livro eletrônico ou o desaparecimento da faturação em papel pelas empresas ainda levará algum tempo, embora a mudança deva acontecer bem antes do que imaginamos. A sociedade digital faz parte de nossa experiência cotidiana, mas ainda resistimos a agir coerentemente com esse reconhecimento. É como se desafiássemos nossa própria condição de seres digitais, conscientes, talvez, de que nossas melhores paixões continuam a povoar o mundo analógico.

Há muitos anos tentei resumir num punhado de princípios algumas evidências que caracterizam a nova situação e voltarei a fazê-lo agora. Estes conceitos estavam presentes em meu ensaio sobre a rede,* escrito há mais de uma década para o Clube de Roma e chama atenção ver como seguem vigentes, apesar do tempo que passou desde então.

1. **A sociedade digital é global**: não conhece fronteiras geográficas ou temporais. Por mais que as comunidades locais ou territoriais possam se beneficiar de seus feitos, a internet tem um comportamento e um destino planetários.
2. **A sociedade digital é convergente**: confluem para ela disciplinas, tarefas e especialidades do saber e do fazer que costumavam andar separadas. Ela anuncia uma nova epistemologia.
3. **A sociedade digital é interativa**: o fundamento de sua ação é o diálogo, a cooperação entre as pessoas. O sucesso formidável das redes sociais constitui o melhor expoente disso.
4. **A sociedade digital é caótica**: não admite hierarquias reconhecidas, nem se submete aos parâmetros habituais da autoridade. Este é o momento dos libertários, mas também dos sofistas e dos charlatões.
5. **A sociedade digital é o berço de uma nova realidade virtual**, que não é apenas uma realidade imaginada ou representada: ela existe, embora virtualmente, de forma objetiva. Isso explica a destruição, durante a crise econômica, de milhares de milhões de euros de riqueza financeira na mesma velocidade com que tinham sido criados e através de idêntico sistema: virtualmente.

* Juan Luis Cebrián, *A rede: como nossas vidas serão transformadas pelos novos meios de comunicação*, tradução: Lauro Machado Coelho, São Paulo: Summus, 1999.

6. **A sociedade digital é rápida**: ela se desenvolve de maneira praticamente autônoma e com grande rapidez e já superou todas as previsões sobre seu crescimento.

7. **A sociedade digital é paradoxal**, convive com as contradições, não as anula, não as supera: ela amplia as contradições e delas se aproveita. Mesmo sendo convergente, a nova cultura favorece a fragmentação; apesar de planetária, tem múltiplas versões locais; embora interativa, estimula o isolamento e o solipsismo; apesar de caótica, conduz à homogeneização abrasiva.

A implantação da sociedade digital está ligada à densidade das redes telefônicas e ao tráfego mundial das telecomunicações. Grande parte desse movimento está concentrado nos Estados Unidos, na União Europeia, Japão e Austrália. No entanto, embora a China e a Índia venham se incorporando rapidamente a este clube, existem regiões inteiras do planeta, fundamentalmente a África e grandes extensões da América Latina, que vivem à margem desse desenvolvimento. A internet ainda é, sob muitos aspectos, uma revolução dos ricos. Se o fenômeno não for administrado adequadamente pelas autoridades e pelas forças sociais, pode contribuir para aumentar as distâncias entre regiões, países e cidadãos pobres e ignorantes em relação aos que detêm o controle do dinheiro e do conhecimento. Algo do gênero aconteceu com as mudanças trazidas pela revolução industrial. A enorme riqueza gerada nos últimos duzentos anos da humanidade distribuiu-se de forma muito desigual: nos países ricos, o nível de vida que os habitantes tinham em 1800 se multiplicou por mais de vinte; nos pobres e mais povoados, o incremento foi de apenas 2,5. Mas a internet oferece possibilidades que permitem proporcionar um impulso acelerado ao desenvolvimento das zonas ou classes desfavorecidas.

Embora não acredite na neutralidade das tecnologias e seja difícil para mim aceitar que sua bondade ou maldade derive exclusivamente do uso que o homem fará delas, nunca subscrevi as queixas dos luddistas digitais. Conforme assinalou o professor Manuel Castells, a tecnologia ou sua ausência plasmam a capacidade de transformação das sociedades. No progresso científico e tecnológico, encontram-se muitas das respostas à busca desesperada de felicidade em que milhares de milhões de seres humanos estão empenhados. A internet e a sociedade digital permitem imaginar perspectivas até então sequer sonhadas no que diz respeito ao intercâmbio de saberes, ao diálogo entre as culturas e à convergência das civilizações para o que poderíamos descrever como uma consciência planetária, uma espécie de ética universal, necessária se quisermos ajudar os despossuídos da terra, devolver-lhes a soberania sobre seu próprio ser.

Sendo a internet um fenômeno intrinsecamente interativo e global, as novas tecnologias têm afetado profundamente o diálogo mundial em todos os seus sentidos: na economia, sobretudo na área financeira, mas também, e em níveis ainda insuspeitados, na área produtiva; na educação; no intercâmbio entre os indivíduos; na difusão de notícias e informações; e no lazer. A sociedade digital potencializa, às vezes até o paroxismo, a globalização que já vínhamos percebendo em muitos aspectos de nossa vida, como a alimentação, a moda, a motorização e o lazer. Certamente irá contribuir também para a invenção e o descobrimento de fenômenos desconhecidos, diretamente ligados ao progresso da realidade virutal. As fronteiras virtuais mostram-se difusas, incoerentes, paradoxais, móveis. As comunidades em rede se vinculam através de laços inovadores, às vezes transgressores, mas também recuperam signos de identidade tradicionais. O papel da língua como veículo de comunicação e sistema de autoidentificação individual e social é incrementado por esse processo.

Consequentemente, a liberdade de imprensa – que desempenhou um papel tão determinante no progresso da democracia – será, hoje em dia, um símbolo pálido e um arremedo insuficiente da liberdade pura e simples, se não se integrar a um conceito mais amplo e ambíguo do exercício do livre-arbítrio por parte dos indivíduos. No início deste ensaio, comentei que as ameaças de censura não têm origem, atualmente, apenas nas pressões externas aos meios de comunicação, mas também na organização e no comportamento deles mesmos. A incidência dos processos digitais e a convergência tecnológica mostram-se fundamentais neste percurso, impulsionado por parâmetros bem definidos: a globalização do sistema, a concentração do poder e o predomínio cultural da imagem, aparentemente em detrimento da cultura escrita, da alfabetização.

Os meios de comunicação atuais têm contribuído de maneira acelerada para a socialização de hábitos, costumes e culturas em escala planetária, mas entram muitas vezes em choque com tradições e normas de estirpe muito diferente. Uma regulação global do direito a informar, baseada em critérios de respeito às liberdades democráticas, é muito difícil de imaginar num mundo dividido por crenças, tabus e interesses de caráter muito diversificado e até contraditório. Diferenças substanciais entre as legislações nacionais existentes, apelos religiosos ou de conteúdo cultural se erguem como obstáculos quase intransponíveis na hora de tentar elaborar qualquer código que mereça um consenso significativamente amplo. E, sem dúvida, se não chegarmos a algo parecido, as distorções e abusos no exercício da liberdade ou no seu sufocamento parcial em nome de outros princípios podem acabar com a democracia. Foi o que comprovamos por ocasião das atuais turbulências financeiras: uma sociedade global demanda regras globais e autoridades também globais, que sejam capazes de fazer cumprir a norma. No entanto, cumpre ressaltar a dificuldade que a implementação de uma resposta adequada a este enunciado supõe, como no caso, por exemplo, dos direitos autorais e na regulamentação da propriedade intelectual. Declarações de princípios não são suficientes: são necessárias medidas compulsórias que permitam colocá-los em prática.

O maior obstáculo para a regulação da internet reside na impossibilidade de aplicar a lei de maneira coerciva. A brutalidade de algumas medidas de controle tomadas por países tão diferentes quanto a China e a Austrália, visando impedir o acesso a milhares de páginas web por motivos políticos, sexuais ou de moralidade diversa, é um jogo de cena para seus povos em geral e não uma medida eficaz e é melhor que seja assim para todos os que acreditam na liberdade de pensamento e de expressão. Os legisladores precisam ter consciência da mudança que esta nova situação pressupõe: o fato, ainda pouco estudado, de que o código está sendo substituído pelo software. Quem o controla, controla a norma.

A convergência de tecnologias propicia a convergência de quem possui os conteúdos da comunicação. Desde que o movimento liberalizador das telecomunicações se pôs em marcha, as fusões, alianças, compras e todo tipo de operações financeiras têm abalado o mercado. Empresas de informação, produtoras de cinema, provedores de software informático, empresas de telecomunicações ou de comunicação via cabo se aliam, se unem, se embaralham, se confundem, se atraiçoam na perseguição de um mercado global. Estamos diante de um processo formidável de concentração. A sociedade digital favorece a criação de imensos conglomerados que, por natureza, atendem ou pretendem atender esse mercado planetário.

Não existe – Negroponte *dixit* – fronteiras para os *bites*, nem os funcionários alfandegários podem investigá-los ou detê-los. As empresas, junto com sua enorme capacidade tecnológica, acumulam fabulosos recursos financeiros e operam, quase sem distinção, em países de culturas, legislações e níveis de desenvolvimento muito diferentes. Cresce a integração das empresas de meios de comunicação, ao mesmo tempo em que aumentam sua presença mundial e sua tendência a incorporar e administrar, sob uma mesma empresa, tanto os conteúdos quanto os sistemas de distribuição.

A concentração na propriedade é correlativa à globalização e tudo nos leva a prever que nos próximos anos ela deverá aumentar. Esta é uma notícia inquietante, mas precisamos nos esforçar para resolver os desafios que ela apresenta ou poderemos mergulhar na recusa a reconhecer sua existência e até a inevitabilidade do processo, que vai conviver, de maneira paradoxal, com a proliferação de pequenas empresas de informação e de iniciativas particulares que poderão se beneficiar dos mesmos avanços tecnológicos que impulsionam a criação dos grandes conglomerados. A existência de muito poucas e muito poderosas redes de informação mundiais não tem por que acabar com a eclosão de organizações locais ou regionais que garantem o pluralismo e os direitos democráticos. Mas a facilidade de acesso dos cidadãos aos meios de comunicação pode acabar diminuindo ainda mais e com isso o direito a informar corre o risco de se transformar no privilégio de uma casta profissionalizada em vez de pertencer a qualquer cidadão livre.

A inserção dos *media* na cultura digital comporta outras consequências, entre as quais se destacam a multiplicação de canais de difusão e o aumento da demanda de conteúdos destinados a alimentar a existência de tais canais. Também cumpre assinalar a diversificação dos sistemas de distribuição, seja em forma de vídeo, áudio ou escrita, com a integração dos usuários como provedores. *YouTube* é seu exemplo mais destacado. Por último, caminhamos para uma homogeneização cultural cada vez mais intensa, diante da aparente diversidade que a informalidade das redes propicia.

O aumento da capacidade de transmissão de produtos informativos, culturais ou de lazer e entretenimento graças à compressão digital e às redes de banda larga tem colocado em destaque a carência de conteúdos para alimentar a oferta. As estratégias dos principais agentes do mercado se voltaram para ela, desconhecendo que uma das características mais singulares do processo digital é que, nele, as decisões costumam se construir fundamentalmente a partir da demanda. A necessidade de controlar o maior número possível de direitos levou as empresas midiáticas a adquiri-los em grande escala, a fim de configurar imensos catálogos que garantam a exclusividade de sua comercialização, e também a se envolver mais recentemente na produção. Aumentou a importância dos direitos esportivos. O futebol – em suas versões europeia e norte-americana —, o boxe, o tênis e o esporte em geral, junto com os programas pornográficos, são autênticas locomotivas da implantação das novas tecnologias de consumo. E é cada vez maior o trabalho de pesquisa e criação no mundo dos direitos autorais, pois as insuficiências legais sobre o tema provocam temores fundados nas produtoras e nas centrais de compras na hora de tomar suas decisões.

A globalização do setor é consequência essencial da inovação tecnológica e não tanto da liberação que se produziu nas normas administrativas e políticas. Estas últimas vieram, mais propriamente, a reboque da realidade, diante das possibilidades que os satélites de última geração e a digitalização em massa do mercado ofereciam aos operadores. Contudo, as políticas desreguladoras favoreceram igualmente o desenvolvimento da indústria midiática que, num ambiente de liquidez abundante e tipos de juros quase negativos, endividou-se intensamente nos últimos anos com o único objetivo de crescer em todas as direções e a toda velocidade. Não se tratava de uma mania, mas de uma ofensiva em regra para conquistar um futuro incerto, no qual o papel dos jornais no mundo da comunicação se dissolve cada dia mais.

Este é um tempo das vacas magras: redução de empregos, fechamento de empresas, desaparecimento de títulos estão na ordem do dia. O fim da edição em papel de uma publicação mais que centenária como *The Christian Science Monitor*, o colapso do *Chicago Tribune* e do *Los Angeles Times*, as penosas circunstâncias que *New York Times* e *Le Monde* enfrentam nos falam do fim de uma época: a época do império dos jornais como elementos centrais na formação da opinião pública das democracias avançadas.

Estamos diante do ocaso da imprensa escrita? É difícil imaginar essa situação, sobretudo para quem dedicou a vida inteira a fabricar jornais. Cerca de dois anos atrás, num ato público em Madri, confessei, para desconcerto de muitos, que se tivesse que fundar o *El País* naquele momento, eu o faria na rede mas, em todo caso, publicaria uma versão em papel de meu produto. Esta declaração não era nenhuma tirada espirituosa. Respondia à pura convicção de que o mundo dos jornais tal como o vivemos até agora está chegando ao fim. Eles não serão mais essa espécie de impérios industriais verticalmente integrados, em torno dos quais se socializavam todas as relações de poder. Claro que desejo que os jornais continuem a existir, mas, se querem sobreviver, terão de mudar sua natureza, seu modelo produtivo, seu próprio olhar sobre os acontecimentos e sobre si mesmos. Uma grande quantidade de ofícios clássicos ligados à evolução do jornalismo desapareceu ou está prestes a desaparecer. Não me refiro apenas aos gráficos, transformados hoje em controladores de qualidade da eficiência das rotativas, ou aos revisores e leitores de provas, já inexistentes. A mudança afetará também os repórteres fotográficos, num mundo em que os leitores captam no celular as imagens dos acontecimentos que eles mesmos protagonizam e podem enviá-las imediatamente às redações dos jornais ou às emissoras de televisão. As tecnologias digitais não servem apenas para fazer melhor, mais barato e mais rápido o que sempre fizemos, mas servem também para criar oportunidades de fazer coisas novas e diferentes. Isso leva a crer que os jornais, tal como têm sido feitos nos últimos séculos, não têm o mesmo significado que tinham em nosso mundo. Muitas vezes, perguntei a diretores e redatores de *El País* de que serve a publicação das cotações das Bolsas ou da seção de meteorologia, se as pessoas interessadas nessas informações podem segui-las continuamente através de seus celulares. E onde fica aquela famosa regra do jornalismo que diz que chegar antes é o mais importante, quando tudo o que se passa já acontece ao vivo e é distribuído em rede através dos sistemas digitais? Nos anos 1980, quando o *New York Times* enfrentou uma greve de seis meses que provocou uma redução do pessoal nas rotativas, os apresentadores de noticiários televisivos se queixavam da falta da primeira página do jornal para estabelecer a ordem e a hierarquia das notícias, para determinar o que era importante ou não. Isso permitiu que o jornal regressasse com sucesso aos pontos de venda assim que os sindicatos perderam a batalha. Nada disso ocorreria hoje, pois já não são os jornais, mas as televisões, as notícias em rede e os serviços de alerta para celulares que determinam, acertada ou equivocadamente, essa hierarquia.

A sobrevivência do reinado da informação, sua influência no comportamento dos cidadãos, sua centralidade na organização da sociedade estão garantidas pelas novas tecnologias digitais. A dos jornais, não necessariamente. Precisam mudar e o quanto antes, se não querem morrer. A solução de buscar o apoio da rede, como fazem tantos, é uma armadilha, pois repito que um jornal na internet pode ser qualquer coisa, menos um jornal. Trata-se, provavelmente, de algo mais enriquecedor, difuso e ambíguo do que um jornal tradicional, mas não substitui algumas das funções básicas que os jornais têm desempenhado. Entre elas sobressai o fato de que um jornal é, em certa medida, um microcosmos fechado, corresponde a uma maneira de ver as coisas, uma concepção do mundo, uma *Weltanschaung* determinada, que não pode se reproduzir num universo tão convergente, fragmentado e ambíguo como o da internet. A comunidade leitora que costuma se agrupar em torno de um jornal tem comportamentos, sensibilidades e atitudes diferentes daqueles que as comunidades em rede apresentam. Um leitor habitual mantém uma adesão, uma solidariedade e um compromisso com seu jornal que não podem ser comparados com os que os usuários de uma página na rede exibem. Os jornalistas, sem dúvida, continuamos nos aproximando da rede como se as normas analógicas continuassem imperando nela. Obcecados pelas tiragens e pela difusão de nossas publicações, consideramos que nosso triunfo virtual deitará suas raízes, de forma similar, na quantidade de milhões de usuários singulares que atenderão ao chamado de nosso título digital. Levaremos algum tempo para entendê-lo, mas se queremos que os valores do jornalismo tradicional (rigor, independência, credibilidade) se mantenham na internet, temos de lutar por eles, desprezando a contagem dos que acessam ou não a nossa página eletrônica. A relação profunda que se estabelece entre um jornal clássico e seus leitores não pode ser imitada nas experiências atuais de jornalismo digital. É precisamente aí que pode estar o segredo da sobrevivência dos jornais em papel, desde que se libertem de suas características de indústria semipesada, como já se libertaram das técnicas com chumbo e das linotipias, e encontrem modelos produtivos mais adequados aos tempos que correm.

Um dos problemas das versões dos jornais clássicos na internet é seu escasso rendimento econômico diante das altas margens de lucro a que a imprensa escrita está acostumada. Isso não representa apenas uma dor de cabeça para os proprietários e empresários de jornais, mas também um obstáculo para a melhoria da qualidade dos mesmos em sistemas digitais. Os ganhos econômicos reduzidos limitam os investimentos em capital humano, necessários para garantir um mínimo de exigência nos conteúdos. O melhor exemplo do que estou dizendo é o desenvolvimento do Google News, no qual as máquinas, não as pessoas, estabelecem o acesso às notícias disponíveis na rede. Ele é o sistema de informação mais utilizado no mundo atualmente e aquele que menos investe na garantia de rigor, hierarquia ou qualidade das notícias. A ausência de um modelo de negócio que permita transplantar as experiências positivas da imprensa escrita para o universo virtual da internet demonstra que ainda estamos na pré-história do sistema e explica por que as empresas do setor se esforçam em estabelecer estratégias de crescimento, convencidas de que somente o volume é a resposta adequada às questões relativas à rentabilidade.

Estas estratégias têm de levar em conta, porém, os limites que as diversas legislações impõem à concentração. A defesa da competência adquire traços pitorescos: num mercado fortemente regulado como o audiovisual, caminhamos para a formação de oligopólios transnacionais, mais do que bem-vindos para as diversas autoridades políticas locais que, sem dúvida, vigiam os excessos de concentração nos estreitos limites do mercado autóctone sobre o qual se sentem soberanas. O surgimento das empresas de telecomunicações, de longa tradição monopolista em todo o planeta, submete o mercado dos meios de comunicação a tensões adicionais, das quais, na Espanha, temos sido e somos simultaneamente vítimas e algozes. Em todo caso, é totalmente ridícula a tendência de muitos governos nacionais de adotar mimeticamente os organismos reguladores dos Estados Unidos em mercados de dimensões muito inferiores.

A experiência tem demonstrado que os grandes conglomerados são capazes de respeitar a autonomia dos jornalistas e criadores, que a liberdade pode conviver com eles. O problema não é exatamente evitar a concentração, mas, sim, limitar os aspectos negativos que carrega consigo e garantir o fluxo plural das ideias. A atenção ao mercado global impõe conteúdos em certa medida igualitários ou homogeneizadores. A criação de um tipo de consciência ou de imaginários universais, oriundos do Ocidente, se choca contra as tradições e costumes de culturas compactas que se sentem invadidas e violentadas por modas estrangeiras. As questões sobre o impacto que a multiplicação das fontes do conhecimento através da cultura digital pode ter no islã ou nas culturas do interior da China ainda estão à espera de respostas. Podemos supor que seria mais fácil transformar o atual regime iraniano através destes métodos do que por meio de ações armadas ou pressões populares, mas a invasão abusiva do Iraque por parte da coalisão anglo-americana tornou evidente que o pensamento dominante nos países da vanguarda tecnológica nem sempre é coerente com o novo paradigma.

As empresas de meios de comunicação se esforçam para combinar sua projeção global com a atenção ao ambiente local onde operam. O âmbito do pequeno continuará ocupado por empresas de tamanho médio que, associadas aos grandes conglomerados, poderão harmonizar o caráter universal de seus conteúdos com o provincianismo de seus usuários. Todas estas razões explicam a multiplicação de alianças entre as empresas criadoras de produto e as distribuidoras, entre quem se dedica ao desenvolvimento da inteligência artificial e os profissionais de Hollywood, entre empresas de telefonia e fábricas de informação. Algumas destas alianças tentam utilizar as sinergias procedentes das diversas atividades de seus protagonistas, outras têm como objetivo concretizar a ocupação de mercados externos ou a defesa diante de eventuais competidores. Existem também empresas mundiais que se unem a outras muito pequenas para penetrar em mercados locais. As operações são determinadas por necessidades tecnológicas, por demandas de capital ou por concepções geoestratégicas. Por outro lado, as dificuldades de gestão que os grandes conglomerados enfrentam podem favorecer a permanência de organizações de menor porte, mais próximas em seus hábitos e em suas decisões dos gostos e das necessidades dos clientes e usuários. O fabuloso volume de informação e serviços que o mundo digital propõe anuncia também a proliferação de intermediários para fazer a seleção das ofertas de acordo com o mercado concreto ao qual se dirigem.

A presença das multinacionais em todos os campos da informação e da cultura gera tendências irremediáveis para a homogeneização. A entronização do inglês como língua franca de nossa civilização é paralela à propagação da comida rápida, a *plastic food*, ou dos filmes de Hollywood como elementos centrais de nossa identidade coletiva de cidadãos do mundo. Nem tudo tem de ser negativo neste aspecto: a extensão de uma cultura dos direitos humanos, de respeito às liberdades individuais e aos valores das democracias pode ajudar os cidadãos de países oprimidos por ditaduras de todo tipo, que tentam se justificar através de sua contribuição ao crescimento econômico, desprezando qualquer outro princípio. Convém estabelecer o limite até onde uma consciência democrática pode ir em nome das peculiaridades, históricas ou folclóricas, de uma comunidade e aquilo que não se pode aceitar, nem transigir a respeito, por mais que corresponda a tradições ou costumes locais muito caros. Os meios de comunicação podem ajudar a difundir uma atitude crítica diante do poder, que é uma coisa intrinsecamente ligada à sua história, e podem dar exemplo de exercício da liberdade, condição indispensável ao gozo do desenvolvimento tecnológico e do crescimento econômico.

Os valores que a democracia defende são permanentes e fruto de uma experiência histórica nada desdenhável. A implantação acelerada das novas tecnologias leva à negação ocasional de alguns deles. A intimidade, cujo respeito é essencial ao exercício democrático, tem sido cada vez mais violada pelas novas gerações, ofuscada pelo engodo de situar os direitos coletivos como algo contraditório ou superior às liberdades individuais. A concepção da História como acumulação de progresso está sob suspeita e alguns círculos intelectuais e muitos outros no poder aplaudem seu óbito com mal dissimulada satisfação. A sociedade midiática, com a acachapante invasão de todas as manifestações da atividade humana sobre a Terra, terá de se esforçar para encontrar caminhos que permitam que esse elenco de valores perenes se mantenha em meio aos paradoxos que os espreitam. Os movimentos antiglobalização, o desafio feito por Porto Alegre a Davos demonstram que são justamente as tecnologias globalizadoras que permitem e facilitam a contestação da sociedade que elas próprias geram. As gigantescas manifestações contra a invasão do Iraque, que tiveram lugar de forma simultânea em todo o mundo, só conseguiram se organizar de forma quase autônoma graças ao paradigma da internet, atacada por muitos dos integrantes dessas mesmas manifestações. Estes exemplos ressaltam uma vez mais o universo de paradoxos e o entrecruzamento de caminhos que a sociedade da informação permite. Aprender a escolher a direção adequada e a conviver com um grande número de contradições é o destino que nos aguarda. Este é o novo significado do risco no futuro mais imediato.

Dom de línguas

"O prodigioso avanço de todas as ciências e das artes, a difusão da cultura intelectual e das revoluções políticas pedem a cada dia novos signos para expressar novas ideias, e a introdução de vocábulos flamejantes, tomados de línguas antigas e estrangeiras, já deixou de ofender-nos."* Assim se expressava, em 1847, dom Andrés Bello na introdução à sua *Gramática*. Destinada a ser utilizada pelas nascentes repúblicas da América, a gramática de Bello é hoje um monumento da língua castelhana como idioma universal e anunciava, em hora tão prematura, a proteica flexibilidade do mesmo, sua capacidade de amoldar-se aos tempos e às necessidades do progresso.

O idioma, tanto quanto a informação, é a matéria-prima com a qual os jornalistas trabalhamos. Ao longo de nossa vida profissional, escrevemos milhares de páginas e pronunciamos milhões de palavras nem sempre com a devida reflexão prévia. E de nosso próprio comportamento linguístico derivam, não poucas vezes, deformações e danos ao verbo que penetram no registro coloquial devido à influência daquela que se considera, em princípio, uma classe ilustrada. Embora não compartilhe o desgosto que experimentava meu professor e

* Andrés Bello, *Gramática de la lengua castellana destinada al uso de los americanos* [Gramática da língua castelhana para os norte-americanos], Santiago do Chile, Imprenta del progreso, 1847.

amigo Fernando Lázaro Carreter, acabrunhado com a nefasta influência dos meios de comunicação modernos na formação da linguagem, tenho de reconhecer que as traições prosódicas a que locutores e colunistas têm nos acostumado constituem uma considerável ameaça para o uso correto do espanhol.* Tivemos ocasião de falar sobre isso num almoço memorável com Lázaro, então diretor da Real Academia, e um dos cronistas esportivos mais ilustre e conhecido do mundo das ondas do rádio, José Ramon de la Morena. Nesta conversa, que deveria se repetir mil e uma vezes com protagonistas de igual e superior quilate, ficou claro que a questão da linguagem e dos meios de comunicação não aborda um problema meramente formal ou estético, mas afeta o conteúdo do pensamento e o exercício do raciocínio na formação das opiniões públicas. E existem muitos profissionais do microfone tão ou mais preocupados com a situação do que os próprios acadêmicos.

Desde que o mundo é mundo, o dom da palavra nos distingue dos seres irracionais. Graças a ele, o ser humano pode expressar seus sentimentos e pensamentos, suas sensações e percepções, pode se comunicar com os outros, perceber as realidades que eles transmitem, pode dialogar consigo mesmo e também com realidades transcendentes. "Quem fala sozinho", dizia Machado, "quer falar com Deus um dia". Na própria articulação da expressão reside grande parte do raciocínio lógico, mas também se aninham as emoções, tanto as alegres, quanto as frustrantes. A linguagem é o fato mais determinante da espécie humana: por um lado, identifica seus indivíduos como seres sociais, pois se comunicam entre

* Fernando ironizava os que cumprimentavam seus ouvintes no rádio, a altas horas da noite, com a expressão *buenas madrugadas* [boas madrugadas], costume tão frequente nos microfones hoje em dia, quanto desagradável a qualquer ouvido com um pouco de senso comum.

si; por outro, facilita a abstração, ajuda a definir conceitos, a raciocinar, a sentir. Segundo o Gênesis, a palavra é o princípio da criação, porém não apenas a palavra e sim o *logos*, o pensamento falado, expresso, comunicado aos outros. Talvez se deva a isso o endeusamento injustificado de vários comunicadores famosos do rádio e da televisão, que costumam mirar o próprio umbigo com uma satisfação parecida com a que o Supremo Artífice experimentou ao descansar depois de completar a Criação. Se não devemos a invenção do mundo a este fenômeno da comunicação verbal, devemos pelo menos a da cultura, e de maneira quase exclusiva. Arnold Toynbee ficava maravilhado diante do fato de que o castigo divino aos arrogantes habitantes de Babel, empenhados em erguer uma torre que os transportasse até o céu, fosse precisamente a confusão das línguas. É algo tão ou mais relevante que a visita do Espírito Santo aos apóstolos, em Pentecostes, no mínimo por ter nos dado o dom de conhecer estas mesmas línguas, sem o qual o dom do entendimento e o dom da sabedoria teriam sido totalmente inúteis.

Antes do jacobinismo do século XIX, as línguas definiam as nações ou as pátrias. Em torno delas – por sua culpa ou graças à sua existência – tiveram origem as guerras e floresceram as culturas. O idioma constitui o elemento socializador mais poderoso (mais ainda que as armas ou o dinheiro) de qualquer comunidade. Não é de se estranhar, por isso mesmo, as lutas às vezes virulentas que muitos povos empreendem em defesa de sua língua autóctone, como referencial básico de identidade. Converte-se assim – supremo paradoxo – em bandeira ou em partido, bando, aquilo que nasceu como elemento de comunicação, de aproximação ao outro. Se a língua constitui uma parte fundamental da própria identidade, isso se deve precisamente a seu caráter de aglutinante social, de meio ou de sistema de diálogo. Mas ela também afirma a própria soberania do indivíduo (ou dos grupos). Como as pessoas pensam, creem, temem e amam em seu próprio idioma, Wittgenstein se atreveu a supor que os limites da existência são os limites da palavra.

O idioma espanhol está na moda, pelo menos fora da Espanha. Na Península, penosas convenções a respeito do que é politicamente correto e cientificamente acertado nos obrigam a não chamá-lo assim. Alguém já viu em alguma loja de Londres ou Nova York o aviso *se habla castellano* [fala-se castelhano]? E se fosse o caso, equatorianos, argentinos, mexicanos, paraguaios e tantos outros entenderiam que o referido cartaz se referia na realidade a seu próprio idioma espanhol? Deixo a pergunta no ar, como expressão daquilo que alguns conflitos linguísticos podem provocar na Espanha, onde as guerras idiomáticas constituem parte essencial da própria identidade de alguns povos, tantas vezes manipulados – neste como em outros terrenos – por seus dirigentes. Latino-americanos e espanhóis presumimos ter uma cultura comum porque temos uma língua comum, que é a pátria de todos nós. Mas o que é, na verdade, uma cultura? O antropólogo Edward Tylor a descreve como "uma totalidade complexa que compreende o conhecimento, as crenças, a arte, a moral, o direito, os costumes e outras capacidades e hábitos que o ser humano adquire como membro de uma sociedade".* Segundo esta definição, a cultura se refere ao cultivo primordial do intelecto e afeta o homem a partir de uma perspectiva social, como integrante de uma comunidade. Consequentemente, toda cultura identifica e cria coesão dentro de um grupo, do qual constitui a expressão própria

* Edward Burnett Tylor, *Primitive Culture* [Cultura primitiva], Londres, J. Murray, 1871.

(pode-se falar em cultura de uma empresa, de uma instituição), mas é também um *fato histórico*: se constrói através do tempo e se transmite de geração em geração. A cultura espanhola, ou hispânica, organizada em torno de nossa língua, possui três raízes fundamentais: uma europeia, baseada na romanização, em primeiro lugar, e no Sacro Império, na religião, depois. Em grande medida, somos europeus porque somos cristãos, e como tais, herdeiros da tradição que deriva dos Apóstolos. Este fato incontestável levou o papa de Roma e um número considerável de políticos católicos ao excesso de solicitar que o cristianismo figurasse como signo de identidade nos textos da Constituição europeia. Digo excesso porque há mais de 20 milhões de muçulmanos nos países da União Europeia e porque o continente também se nutriu de raízes islâmicas, não apenas através da história, mas também graças à vizinhança geográfica e à mestiçagem dos povos ibéricos com os árabes. Por último, existem as raízes americanas, que começam nos tempos da Conquista, frutificam e se consolidam em torno do uso do idioma comum, originariamente uma língua românica divergente do latim mais que nenhuma outra, pelas contribuições do árabe e que, em seguida, também incorporou vocábulos das línguas indoamericanas (guarani, quíchua, nauátle e tantas outras). Imposta inicialmente pelas armas do Império, a unidade do espanhol, apesar de submetida a tantas e tão diversas influências, foi garantida pelo trabalho da Real Academia e das Academias irmãs da América, criadas durante o processo de independência daquelas repúblicas, com a missão declarada de evitar que a fragmentação política fosse também idiomática. É admirável comprovar como estas instituições da sociedade civil mantiveram voluntariamente a sua independência dos poderes políticos, garantindo a unidade do espanhol, que hoje constitui o principal patrimônio cultural de todos e de cada um de nossos povos. Uma única gramática, uma única ortografia e um único dicionário para todos os falantes do espanhol é a melhor garantia da solidez de nossa comunidade cultural e constitui uma oportunidade para estabelecer sistemas e meios de comunicação de dimensão global, pelo menos em espanhol. A Real Academia Espanhola não atua somente como notária da língua, mas também prescreve seu uso com caráter normativo, não a partir da autoridade política, mas a partir do reconhecimento de seu prestígio científico e social. As tentativas dos governos de intervir no uso dos idiomas, de qualquer idioma, costumam ser vergonhosas e na maioria das vezes não prosperam por mais que obtenham, ocasionalmente, êxitos precários. No final das contas, tais êxitos só poderiam ser mantidos de forma coerciva e apelando para a violência, seja do gênero que for. A experiência francesa é bastante indicativa a este respeito. A *francophonie* não pode ser defendida apenas, nem primordialmente, a partir da Assembleia Legislativa ou dos decretos da administração. Quem cria a linguagem é o povo, não os legisladores, nem os ministros. Coisa bem diversa é que seja imposta e disseminada pelo poder do império. Contudo, no caso do castelhano/espanhol, assistimos ao fenômeno relativamente novo de que se trata de um idioma em expansão acelerada e contínua sem que exista um verdadeiro poder político ou econômico que o impulsione. Junto com o inglês e o chinês mandarim, o espanhol constitui uma das três línguas do futuro imediato da humanidade.

A história das culturas é também a história de seus limites e conflitos. O poder político se assenta no cultural e se serve dele com uma verbosidade preocupante, chegando ao desprezo dos direitos e até da vida alheia. Esse é o melhor caldo de cultura para o germe dos confrontos e das guerras civis e muitas delas têm início quando minorias religiosas ou étnicas (todas culturais, afinal de contas) tentam enfrentar o que se costuma chamar de "cultura dominante", que nada mais é que a cultura de quem manda. A experiência ensina que todas as culturas já demonstraram sua propensão a se proclamarem como centro e ponto de referência das demais. Séculos atrás, China – que se autodenominava Império do centro –, Grécia, Roma e a Igreja desempenharam este papel... Napoleão e Hitler aprenderam a lição, que nos anos seguintes foi dada de maneira igualmente dogmática pelos Estados Unidos. A cultura invasora sempre supõe que vai melhorar a invadida; seus agentes se mostram convencidos de que são representantes de valores ou critérios mais elevados. Daí para o exercício da opressão o limite é tênue, às vezes difícil de reconhecer e este é, em grande medida, o relato da dominação espanhola nas Américas. De uma maneira ou de outra, as culturas triunfantes sempre se viram como planetárias, na medida em que se acreditavam ou se acreditam superiores, mais avançadas e, portanto, dignas de serem comunicadas e impostas às outras. É evidente que as coisas nem sempre são assim. O governo dos bárbaros na Europa significou um importante retrocesso cultural em relação ao Império romano e durante um longo tempo a chamada Reconquista espanhola marcou um passo atrás em relação ao islã renascentista.

A expansão da cultura e a do comércio sempre caminharam de mãos dadas. O descobrimento da América e o descobrimento da imprensa aconteceram quase simultaneamente e não por mera coincidência. As consequências combinadas dos dois fenômenos mudaram a história da humanidade. Em nossos dias, a implantação acelerada da sociedade digital será coroada por resultados semelhantes. Estamos diante de um fato que transformará nossas vidas tanto ou mais do que a invenção de Gutenberg mudou as vidas de nossos antepassados. A cultura dominante do futuro, do presente, a bem dizer, é a cultura da *web*, que não foi imposta pelo poder das armas, mas pela tecnologia. A mudança está afetando poderosamente o uso do idioma, o modo convencional de estabelecer relações em nossas sociedades, favorecendo uma expansão do inglês e da mais recente e específica linguagem informática, impregnada de conceitos, ideações e representações que acabarão por afetar profundamente nossa maneira de pensar, nossa condição de *zoon logycon*, de animal que fala. Octavio Paz dizia que a linguagem nos dá o sentimento e a consciência de pertencer a uma sociedade. A sensação de pertencimento ao ciberespaço também tem uma linguagem, o idioma informático – tantas vezes iconográfico –, com o qual navegamos na rede, e um ajudante, o inglês. O espanhol, linguagem em expansão contínua e autônoma, fronteiriça com o inglês ao longo do Rio Grande, e com o português, tanto na fronteira com a Lusitânia ibérica, quanto nos confins da selva amazônica, não tem outro remédio senão enfrentar esta nova realidade. A sociedade digital ameaça fragmentar a unidade de nossa língua. Cumpre destacar o aumento dos anglicismos e as complicações que acarreta, sobretudo no que diz respeito a termos científicos ou técnicos. Embora neste terreno, como em tantos outros, o castelhano volte a se mostrar extremamente flexível e igualmente ambíguo. Se um latino-americano ouve dizer que alguém comprou um ordenador pessoal, pode pensar que se trata de uma máquina de dar ordens ou, melhor ainda, de um sistema de classificação de fichas, livros ou qualquer outro objeto, pois o único país de fala castelhana no qual *la computadora* [o computador] (do inglês *computer*, mas também do latim, *computare*) não se chama assim é a Espanha. A razão desta divergência é totalmente despropositada. Os primeiros computadores, os famosos cérebros eletrônicos, chegaram à Península pelas mãos da IBM, enviados pela representação da multinacional na

França. Os franceses inventaram uma terminologia própria e completamente autóctone para os desenvolvimentos da informática, na qual o digital é *logiciel* e o *computer*, *ordinateur*. Os folhetos dos cerebrozinhos importados pela Espanha de Paris foram traduzidos do francês para o espanhol, sem passar pela redação original em inglês. Vem daí a acolhida do vocábulo "ordenador" entre os ibéricos.

Nessa altura dos acontecimentos, semelhante anedota parece extraída de um livro romântico, sobretudo quando se contempla a invasão do castelhano pelo léxico da cultura cibernética. Ninguém precisa ser um "internauta" para saber que é possível ter um "chat" ou um "blog" na web graças às aplicações do Windows e do Explorer e que fazendo um "clic" no "ratón" [mouse] podemos aproveitar as vantagens do "hipertexto", se tivermos "megas" suficientes. A quantidade de termos relacionados com a sociedade digital que incorporamos diretamente ao espanhol é formidável, a começar por "hardware" e "software", continuando com "bit" para chegar a "messenger". Palavras para as quais o espanhol não tem outra alternativa senão assumi-las, com as consequentes discussões sobre a ortografia que devem exibir. A abundância de onomatopeias e siglas, muito próprias do inglês e da linguagem básica dos adolescentes, que ocupam grande espaço na rede, também não facilita o processo de normalização e unificação do espanhol, embora o desmantelamento do idioma pelos usuários da internet não seja privilégio apenas do castelhano. As deformações da língua de Shakespeare são igualmente impressionantes.

As versões ortográficas da tecnologia digital não atentam apenas e fundamentalmente contra o til do ñ, sem o qual não nos seria possível escrever "*español*" ou "*España*". Os acentos e os sinais de pontuação são outras vítimas. Sem falar nos dicionários de sinônimos ou de dúvidas, dos prontuários gramaticais que incorporam alguns programas que recomendo muito vivamente não usar, quem não quiser cometer um erro atrás do outro. Os sistemas de tradução automática baseados na existência improvável e indesejável de um espanhol chamado de neutro e criado no ambiente artificial dos estúdios de dublagem de Hollywood também não são muito melhores. Contudo, os perigos e derrotas que já existem neste terreno nada são comparados às ameaças que pairam sobre nós, se não chegarmos a um acordo prévio para a utilização dos sistemas de reconhecimento de voz, nem tanto a respeito do modo como os computadores irão nos ouvir – pois reconhecem todos os sotaques – mas ao modo como vão nos falar. No caso do castelhano, mais de 80% das centenas de milhões de seus falantes que existem no mundo ceceiam, mas esta pronúncia é excluída da ortodoxia formal do espanhol. Precisamos nos dotar de normas que possibilitem o reconhecimento das particularidades fonéticas e de pronúncia segundo as latitudes, e isso não exclui absolutamente a existência de regras de aceitação geral que permitam salvaguardar a unidade a que temos nos referido. Esta tarefa exige que se conceba a língua como um todo e se reconheça que o espanhol e o vigor de sua expressão não são apanágio de nossos compatriotas, na medida em que constituímos apenas uns 10% ou 12% do conjunto dos falantes do espanhol. O idioma castelhano não é, de forma alguma, propriedade exclusiva dos espanhóis, mas também (ou, melhor dizendo, sobretudo) das centenas e milhares de americanos que o têm como língua materna.

A influência da sociedade digital e dos suportes eletrônicos da comunicação na configuração do idioma está aumentando. A difusão de imprensa nos países industrializados estagnou, com tendência de baixa, inclusive nos períodos de prosperidade econômica. O mesmo pode ser dito sobre a produção livreira. A progressiva substituição do suporte de papel por outros meios não precisa nos alarmar, se formos capazes de fazer com que isso não afete a permanência de escrita diante da expressão oral e se mantivermos o acesso ao conhecimento e sua transmissão através principalmente de abstrações e conceitos, sem nos rendermos à ditadura da imagem. Disse anteriormente que a abundância de anglicismos descontrolados e pouco regulados no espanhol atual deve reclamar nossa atenção. Os meios de comunicação têm uma responsabilidade fundamental nesse aspecto, ao difundir de forma caótica e desigual neologismos provenientes do mundo da técnica, da economia e do esporte. É necessário um acordo sobre o modo como devemos denominar – ou escrever – *rating* ou *share* ou sobre a existência ou não de uma tradução confiável de *cash-flow* que todo mundo entenda. Quanto ao resto, são frequentes e conhecidas as críticas que se fazem em muitos círculos às derivações estranhas que o espanhol vulgar dos Estados Unidos produz quando, por exemplo, pretendem *vacunar la carpeta** em vez de limpar o tapete, mas ninguém se escandaliza quando banqueiros, empresários e ministros falam com naturalidade do *break-even* ou do *jet-lag*, enquanto o *air bag* já está dicionarizado. Façamos, portanto, um esforço para incorporar o *espanglis* ao castelhano na medida em que este linguajar – próximo de merecer a categoria de dialeto – pode acabar fragmentando nosso idioma precisamente entre os habitantes da nação mais poderosa do mundo.

O destino das línguas é serem violadas, penetradas, quiçá misturadas e empanturradas de outras contribuições. A responsabilidade daqueles que trabalham com e por elas é fazer com que sua catalogação, sua normativa e seu uso sejam

---

* Versão hispanizada de *to vacuum the carpet*, aspirar o carpete. (N. da T.)

os mais corretos possíveis. Quando alguém *se da un regaderazo* no México não significa que se bate com o regador,* e os latino-americanos já sabem que *coger* um táxi ou um elevador na Espanha não é praticar sexo com eles, mas pegá-los. É imprescindível que as inovações técnicas, cuja nomenclatura todos os países de fala castelhana importamos, se chamem e se definam igualmente, de maneira unívoca, se não queremos que a dispersão promova também a submissão científica. Nada disso pode ser alcançado através da criação de artifícios, mas apenas graças ao diálogo e ao consenso. Por isso, o espanhol neutro a que me referi anteriormente acabou se transformando em espanhol nenhum, um idioma de laboratório que acabou não sendo um idioma. Não existe nenhuma comunidade de falantes de espanhol que possa reconhecer com certeza o espanhol neutro, uma tentativa de unidade do castelhano que não teve origem em instituições acadêmicas ou universitárias, nem mesmo no poder público, mas na direção das grandes corporações de meios de comunicação e entretenimento norte-americanos.

Se a América é uma Europa lançada ao mar, desde que a internet surgiu, somos todos navegantes e parecemos felizmente condenados à existência dos Argonautas: navegar é preciso, viver nem tanto. Este diálogo transatlântico tem que ser construído, agora mais do que nunca, em torno a um triângulo flexível – mais amplo e menos misterioso que o das Bermudas – cujos vértices iniciais seriam a Europa, os Estados Unidos e a América Latina, e no qual se inscreveria outra forma poliédrica, definida pelo uso do castelhano e pelas raízes históricas e culturais a que me referi anteriormente: a hispanidade dos Estados Unidos. Lá, as comunidades méxico-americana de um lado,

---

* Significa que toma uma chuveirada. (N. da T.)

cubana de outro e porto-riquenha ou dominicana por último, aparecem fracionadas entre si, ao mesmo tempo em que mantêm relações quase umbilicais com seus respectivos lugares de origem. A minoria negra encontrou a seu tempo meios de aglutinação e motivos de autoestima, a partir de suas próprias raízes culturais e históricas. Em troca, o latino continua sendo um conceito confuso, ambíguo e não absolutamente assimilado, mas ninguém pode negar que descreve uma realidade pujante, embora o conceito de América Latina, tão estendido na linguagem comum e tão ligado às representações e aos devaneios revolucionários dos anos 1960, é de difícil identificação no sentimento e no comportamento coletivos de muitos dos povos que a integram. Provavelmente, isso se deve ao fato de que a América Latina, contra o que muitos pensam, não é um continente, mas um arquipélago. E esta é uma boa notícia em tempos de navegação universal via internet. O mar une diferentes terras, mais do que as separa, com a condição, naturalmente, de querer e saber navegar por ele. No arquipélago latino-americano o conjunto de ilhas maiores que supõe a hispanidade dos Estados Unidos começa a ser mais relevante do que aquele dos grandes países (México, Argentina, Colômbia), enquanto o Brasil emerge como potência formidável que caminha aceleradamente para a cooficialidade do espanhol. A obrigatoriedade de oferecer o ensino desta língua em todo o sistema escolar brasileiro permite supor que em 2010 teremos mais de 12 milhões de estudantes de castelhano nesse país. A comunidade transatlântica da fala hispânica é muito mais do que algo irreal ou um fruto da retórica (embora a retórica e a liturgia continuem a ser muito importantes nas manifestações humanas). A rede e os meios de comunicação podem e devem ser veículos preferenciais para aglutiná-la.

Diversa é a questão das raízes, culturais, históricas ou de qualquer outro gênero, da comunidade hispânica nos Estados Unidos. A comunidade mundial de fala hispânica deve contribuir para seu esforço de busca e seus apelos de solidariedade, de forma que os milhões de norte-americanos que constituem esta minoria encontrem códigos de identificação válidos na hora de reunir consciências e esforços. Entre eles, poucos sabem que a primeira cidade fundada por europeus em seu país foi San Agustín, na Flórida, estabelecida por espanhóis muito antes do desembarque dos imigrantes do Mayflower. A epopeia da conquista e colonização da Califórnia ainda está, em grande parte, à espera de uma divulgação adequada e as correrias de Hernando de Soto pelo sudeste do país ainda são um relato reservado a historiadores e especialistas. Muito anterior ao exílio provocado por Fidel Castro, a presença cubana em Tampa está, inclusive, intimamente relacionada à rejeição por um setor da alta burguesia da dominação espanhola na ilha e ainda não é devidamente avaliada pelos atuais habitantes da Flórida. As raízes dos habitantes hispânicos dos Estados Unidos mergulham muito além da angustiosa aventura dos imigrantes ilegais, do exílio anticastrista ou da imigração recente de Porto Rico. Devolver a esta comunidade o orgulho de sê-lo, não como refugiados ou fugitivos, mas como fundadores, eles também, da nação americana, seria uma forma de contribuir para valorizar sua condição latina, que não é algo alheio, marginal ou emprestado ao ser da América do Norte, mas que está presente desde o alvorecer de sua iniciação como Estado moderno. Tudo isso se fez com e a partir da língua e hoje em dia a língua é seu principal e quase exclusivo vínculo comum que, acima das nacionalidades, etnias e classes sociais, outorga aos que a falam uma pátria reconhecida.

Todos os que acreditamos que o castelhano simboliza e encarna a essência da comunidade hispânica e que conhecemos e promovemos a força de sua unidade devemos nos esforçar para prover a rede de conteúdos em espanhol. Uma língua comum é uma história comum, uma cultura, uma origem e um destino comuns. E um instrumento incalculavelmente valioso para fomentar a compreensão e o entendimento mútuos, o desenvolvimento intelectual e o progresso científico, única forma de libertar os povos da opressão, da miséria e da ignorância.

A vida em um blog

O dr. Nicomedes era um médico rural acostumado a escrever um minucioso diário no qual anotava até a mais mínima vicissitude de sua existência rotineira. Noivo da professora da aldeia, resolveu se presentear com uma despedida de solteiro em regra antes de levar a amada ao altar. E viveu, quase sem querer, uma noite de escândalo, cujos pormenores deixou registrados em seus apontamentos. Com um argumento de linhas tão simples, o dramaturgo Carlos Llopis construiu uma comédia de enganos que levou às telas em 1956, sob o título de *La vida en un bloc* [A vida num bloco]. Fernando Rey e José Luis Ozores, junto com outros míticos atores de nossa sétima arte, honravam com sua presença a vida de celuloide de Nicomedes, cujo papel coube a Alberto Closas representar. Sendo apenas um adolescente, vi o filme meio às escondidas, pois era proibido para menores, e dele me ficou quase que exclusivamente o título, além de uma vaga referência sobre o roteiro que acabo de comentar. Um *bloc*,* para as pessoas da minha geração, era uma resma de papel com as folhas reunidas por um arame ou costuradas numa encadernação, onde se anotavam observações e lembranças, embora na maioria das vezes servisse para que improvisássemos todo o tipo de desenhos e arabescos

* Em português, bloco. Preferimos não traduzir para preservar o jogo de palavras entre *bloc* e blog. (N. da T.)

em suas folhas quando tínhamos que aguentar alguma reunião tediosa. *Bloc* é uma palavra de origem inglesa, mas as etimologias consideram que entrou na Espanha através da França, e devem ter razão, pois entre as várias acepções do vocábulo que encontrei no Webster's, nenhuma faz referência ao significado de caderno ou conjunto de folhas. De todo modo, *bloc*, cujo plural, *blocs*, denota todo o esforço cultural de nossa língua para adotar as alheias, se encontra no dicionário da RAE há séculos e, hoje, é uma palavra tão espanhola quanto qualquer outra. Embora tenha de ser comparado, e muito seriamente, com outro neologismo de recente importação, blog, neste caso com *g*, que o uso vulgar e alguns manuais tentaram, sem êxito, traduzir como "*bitácora*" [bitácula] e que designa um dos mais espetaculares fenômenos da comunicação social jamais visto: a existência de milhões de diários pessoais lançados a navegar pelas redes mundiais informáticas, compondo uma trama de relações individuais e coletivas inimagináveis há apenas uma década. Se o dr. Nicomedes tivesse vivido em nosso século, provavelmente não teria sido médico rural, pois deles não se tem mais notícia, e também não teria escrito sua vida num *bloc*, mas em um dos milhões de blogs que inundam a internet. A extensão do fenômeno é tal que blog, palavra que ainda não foi reconhecida oficialmente por nosso dicionário, mas que o será em sua próxima e quase iminente edição, é um dos vocábulos mais acessados na rede, a tal ponto que mereceu as honras de ser nomeada palavra do ano em 2004. Impossível para o *bloc* analógico, de papel pautado, competir com tamanha popularidade.

Apesar de sua dimensão imensa e da força da sua expressão, blog é um neologismo também para o idioma britânico: não conta nem dez anos de idade e somente nos últimos cinco pode ser entronizada como uma das palavras mais utilizadas do mundo. Tanto que, segundo estatísticas confiáveis, existem mais de 100 milhões de blogs, são criados 100 mil novos a cada dia, um a cada segundo e meio, para sermos exatos, e seus usuários são cerca de 400 milhões. Apesar de tamanha difusão, quem não usa a internet ainda tem dificuldades para compreender o que é um blog e, para os leitores que se encontram nesta situação, explicarei que, inicialmente, não se trata de nada mais que um diário pessoal escrito numa página da web. Um diário que pode ser individual ou coletivo e que, graças à conectividade do sistema, acaba se transformando num local de comunicação, numa nova forma de socialização típica do ciberespaço, num território comum que desafia, entre outras coisas, a noção clássica da política como gestão de um espaço público compartilhado.

Os especialistas atribuem ao jornalista Justin Hall a honra de ser o pioneiro da invenção. Quando Justin contava apenas 20 anos de idade e era estudante universitário, começou a exercitar-se no uso diário da web, escrevendo e navegando por ela, o que o ajudou a desembarcar na tripulação da conhecida revista *Wired*, um ícone entre as publicações dedicadas à internet. Qualquer um que sentir curiosidade pela biografia, muito pouco sedutora, deste jovem precursor do uso das novas tecnologias, pode consultá-la facilmente na rede e ficará sabendo, entre outras coisas, que o suicídio de seu pai alcoólatra, quando Justin tinha apenas 7 anos, e os problemas e discussões com a equipe da *Wired* por conta do ego de cada membro têm muito a ver com seu comportamento profissional como escritor e, provavelmente, com a configuração que os blogs adquiriram na última década. Embora os tenha definido como diários pessoais, o que se ajustava inicialmente à realidade, os blogs se diferenciaram deles, desde os primórdios, em duas questões cruciais. A primeira é que nos diários clássicos as entradas e anotações se produzem em ordem cronológica, das mais antigas às mais recentes e nos blogs esta relação se inverte, de modo que são consultados a começar pelo final e retrocedendo no tempo a partir daí. A segunda, e muito mais importante, é que, no geral, os diários pessoais eram, e ainda são, voltados para o entesouramento de segredos de nossa identidade mais profunda. As papelarias ainda vendem livrinhos de folhas em branco trancados como caixas-fortes, sob sete chaves, para impedir que alguém pesque o que nossas adolescentes lá escreveram. Os blogs, ao contrário, foram idealizados para serem lidos e até manipulados por terceiros; estão cheios de enlaces e ligações para outros blogs escritos por outras pessoas e, quaisquer que sejam os valores que eles defendem e que lá estejam presentes, podemos dizer que a intimidade não faz parte da lista. Padecem, antes, de uma certa paixão pelo exibicionismo, comum a toda atividade que se desenvolve na rede, com o pretexto de que se trata de comunicação. Afinal de contas, quem abre uma capa e exibe os próprios órgãos genitais aos passantes também busca uma forma de se comunicar.

Mas depois de Justin Hall vieram outros. Em 1997, quando o sistema ainda não tinha se desenvolvido, John Barger chamou o seu site de *weblog* (um *log* na web) e dois anos mais tarde, Peter Merholz, que abriu uma página com o título narcisista de *Peterme*, brincou com a palavra, dividindo-a em dois: *we blog*, nós blogueamos, dando à luz de uma só vez um verbo e um substantivo. Quem quiser traduzir para o espanhol verá que *log* (*log* e não blog) significava, em inglês, entre muitas outras coisas, qualquer método que sirva para anotar as ocorrências de uma viagem náutica e, portanto, *logbook* é o equivalente a "*cuaderno de bitácora*" [caderno de bitácula], termo adotado inicialmente entre os hispanofalantes para designar os blogs em nosso idioma.

Como se mostrava tediosamente longo, alguém tratou de reduzi-lo a "*bitácora*" puro e simples e ainda se pode ler por aí que existem no mundo x milhões de *bitácoras* ou que fulaninho disse isso ou aquilo em sua *bitácora*. No entanto, a *bitácora* nada mais é que uma espécie de armário fixo na coberta de um barco, junto ao timão, para abrigar a agulha de azimute. Ou seja: nada seria menos apropriado para denominar um espaço aberto e comunicativo como os blogs, onde certamente a agulha de azimute sofre de uma tendência irreversível a endoidecer.

Por tudo isso, estou disposto a depositar na mesa do diretor, em qualquer assembleia ordinária da Real Academia, uma cédula requisitando que o itálico na grafia deste vocábulo (indicando a sua condição de imigrante) desapareça do dicionário e dê lugar à letra redonda, adotando-o assim como natural e próprio de nossa língua. É indubitavelmente o que se deve fazer, inclusive com todos os termos dele derivados, tais como blogueiro, bloguear ou blogosfera. Considero que já argumentei suficientemente a necessidade desta mudança, que não responde a nenhum capricho, moda ou truque publicitário, mas à necessidade de chamar as coisas pelo nome. A Academia sempre se mostrou respeitosa desta norma, que só pretende contribuir para a construção do idioma, diante do empenho que outros mostram em destruí-lo, entre os quais se destacam não poucos representantes da classe política. Seria conveniente que nossos pais da pátria aprendessem que não é preciso assassinar a ortografia para ganhar eleições.

A criação de palavras na rede é incessante. Quase todos os neologismos são fruto de abreviaturas ou formações do inglês, embora o reinado deste idioma no ciberespaço esteja cada vez mais ameaçado pela influência do chinês. Na blogosfera, a língua de Álbion também foi batida pelo japonês, que é utilizado por quase 40% dos blogueiros que existem no mundo, diante de 37% de falantes do inglês e apenas 3% de fala espanhola. As dificuldades desta última para se fazer presente no vocabulário científico e técnico, longe de ter diminuído com o tempo, só fez aumentar. Uma das características da cultura da rede é que o conhecimento se desenvolve e se enriquece de forma cooperativa e global, não na solidão do sábio em seu laboratório e nem mesmo no pequeno ambiente do departamento de alguma prestigiosa universidade. O paradoxo que disso resulta é a frequência com que pessoas muito jovens, quase adolescentes, descobrem coisas revolucionárias na garagem de casa ou em seu dormitório no campus da universidade. A aventura pessoal de Bill Gates é o exemplo mais conhecido, mas não é o único e nem sequer o mais relevante. Os espaços comunitários na rede, que constituem novas formas de socialização dos jovens, estão sendo criados por outros jovens sem muitos meios e sem muitos conhecimentos teóricos, mas conhecedores dos hábitos e comportamentos dos colegas e também do desejo irrefreável que tantas pessoas têm de não crescer nunca.

Entre os fenômenos mais responsabilizados pela vulnerabilidade do idioma por culpa das engenhocas tecnológicas de uso comum, se inclui o atropelamento da ortografia pelos usuários das mensagens em telefones celulares. Por economia de espaço e de tempo, às vezes por economia pura e simplesmente, a profusão inovadora de siglas e símbolos, a ausência de qualquer respeito pela norma ortográfica e a demolição generalizada da sintaxe ameaçam moldar uma geração iletrada e confusa, apegada às mensagens instantâneas e pouco afeita à leitura e à reflexão. Não podemos esquecer que falamos como pensamos porque pensamos como falamos. A articulação da linguagem corresponde à da mente. O mundo acadêmico deveria prestar uma atenção mais minuciosa a esta erosão idiomática produzida por algumas aplicações dos celulares, não se conformando em deixar apenas aos usuários a tarefa de estabelecer a norma e as equivalências linguísticas da pedra de Roseta de nossa civilização. É preciso colaborar com eles na elaboração e fixação de uma linguagem adaptada aos chats e SMS. Um dicionário e uma ortografia, quem sabe até uma gramática, aplicados a estes fenômenos nos ajudariam a reconhecer a interatividade entre linguagem digital e analógica, para que ela não acabe sendo destruída e incessantemente malformada pelo ânimo impaciente dos moblogueiros (os moblogues são os blogs que se alimentam de fotografias e mesmo vídeos enviados através de celulares. Como sua atividade ainda é incipiente, podemos nos poupar, por enquanto, de propor a inclusão deste palavrão nos dicionários.).

Apesar de minhas advertências a respeito de uma provável destruição do idioma provocada pelas redes digitais, não penso de forma alguma que a frivolidade de muitos intercâmbios que nelas se produzem deva ser motivo de preocupação. Na vida cotidiana, a superficialidade das conversações é também um dos atrativos que encerram, produzam-se elas no balcão de um bar, numa discussão doméstica ou, inclusive, nos bate-papos radiofônicos. Pedir aos adolescentes mais profundidade em seus diálogos via internet do que em suas conversas no recreio constitui um excesso. Muito mais preocupante, em troca, é a frivolidade disfarçada sob roupagens respeitáveis, a vacuidade sonora dos demagogos ou a credibilidade concedida a mentirosos e falsários. E são, todos eles, problemas muito visíveis no atual universo da rede.

A internet é uma imensa construção de palavras, uma conversação global que flui simultaneamente em todas as direções e na qual o fato de falar, de se comunicar é com frequência mais significativo e importante do que o conteúdo do próprio diálogo. Inventados por jornalistas (praticantes, portanto, da linguagem, do estilo e das manias do jornalismo), muitos blogs se transformaram numa forma peculiar de dirigir-se aos leitores, uma espécie de reporterismo participativo que, ao mesmo tempo em que recupera algumas boas tradições do ofício, anuncia a criação de um novo gênero, já definido pelos teóricos da comunicação como informação interativa. Dos milhões de blogueiros ativos, apenas uma minoria pode ser enquadrada na militância dessa especialidade, na qual o papel do jornalista como intermediário entre a realidade e os usuários dos meios de comunicação é substituído pelo papel de agitador ou promotor das insinuações e deliberações alheias. Não há dúvida, contudo, de que graças a isso existe hoje, à disposição do público, uma grande quantidade de informações que de outra forma não veria a luz. Deste ponto de vista, os blogs, assim como o denominado "jornalismo cidadão", constituem uma contribuição para o desenvolvimento da democracia participativa, embora em muitos aspectos ninguém tenha definido ainda o que é exatamente isso. Enquanto o mundo da comunicação em geral, e da imprensa escrita em particular, permanecerem analógicos, continuarão a se comportar como causa e ao mesmo tempo consequência dos sistemas de representação política. Os jornais são um produto tão antigo, ou tão jovem, quanto a democracia representativa, pertencem à mesma estrutura e participam do mesmo destino. Muitas vezes, nem os jornalistas nem os governantes se mostram conscientes dessa realidade, obcecados, como estamos os primeiros, pela exibição de nossa independência, e os segundos, por instrumentalizá-la. Mas apesar disso, as coisas estão mudando. O impacto digital nos meios de comunicação e o desenvolvimento da rede fizeram com que seja cada vez mais difícil, hoje em dia, discernir entre o centro e zonas de influência da cidade política. A ausência de hierarquias e a confusão pertencem também à nova cultura digital, cujo caos frequente desafia o perfil piramidal de nossas sociedades.

Os primeiros frutos da informação interativa ainda não são muito suculentos, mas já houve ocasião em que destilaram um sabor amargo. No mês de maio de 2008, as ações da Apple na Bolsa caíram abruptamente, quando o blog *Engadget* anunciou um atraso no lançamento do último *gadget* em moda entre os adolescentes: o iPhone, um misto de telefone com reprodutor de música. A notícia, que na versão blogueira já não se chama assim, mas "clip", era falsa e tinha sido filtrada por alguns "hackers" que se fizeram passar por empregados da empresa atacada. Nos últimos tempos, os hackers têm provocado mais de uma dor de cabeça, e a transliteração de sua denominação para o castelhano não é a menor delas. Costumávamos chamá-los de piratas informáticos, mas a pirataria é outra coisa e, no caso que comentamos, os bucaneiros não abordaram o barco para roubar alguma coisa, mas sim para depositar um presente, embora envenenado. Uma vez mais, direitos e valores reconhecidos em nosso ordenamento legal e em nosso comportamento social tendem a se desmanchar no ar da sociedade da informação. A propriedade e a intimidade estão em baixa. Foi graças ao Twitter que os primeiros testemunhos do terremoto de Sichuen foram transmitidos, quando os meios de comunicação tradicionais ainda enfrentavam dificuldades para estabelecer contato. Um de seus programas mais comuns permite transmitir instantaneamente, a centenas de milhares de membros, algo tão simples como a resposta à seguinte pergunta: o que está fazendo agora? E as respostas fazem furor. O inventor do sistema, ao qual o usuário pode se integrar plenamente na rede a partir do mais banal dos celulares, revolucionou, na ocasião, as ferramentas de publicação utilizadas na blogosfera. E o caminho é o mesmo no que diz respeito à construção de redes sociais na internet. É possível seguir a vida de uma pessoa desde que acorda até quando vai dormir só à base de mensagens instantâneas e fotografias do indivíduo em questão. Uma empresa da Califórnia convida os cibernautas a filmar sua vida cotidiana e transmiti-la ao vivo: a telerrealidade pessoal é um fato que torna bem pequeno o Grande Irmão da televisão. Em suas primeiras duas semanas, criou 18 mil horas de vídeos e atraiu 500 mil visitantes. Cabe duvidar da atualidade da célebre frase de Céline: "Tudo o que é interessante ocorre na sombra. Não se sabe nada da verdadeira história dos homens." E podemos nos interrogar novamente sobre o futuro dos neologismos que nos invadem por meio da rede, alguns dos quais reiterei até a saciedade. Dentro em breve, poderemos "twitear-nos" ou "tuitear-nos", sendo o "tuiteo" uma coisa bem diferente de chamar nosso interlocutor de tu.

Utilizamos as palavras para designar a realidade, mas também são úteis na hora de transformá-la. Nossas vidas serão sensivelmente transformadas à medida que incorporarmos ao nosso vocabulário, e ao nosso comportamento, termos como os que comentamos até agora. Nem o mais remoto rincão de nossa história futura deixará de ser afetado pelo tsunami do mundo digital. A cultura e suas formas de transmissão evoluem aceleradamente e o impacto das novas tecnologias na conformação do idioma e na elaboração do pensamento deve ser alvo de uma atenção especial por parte de autoridades e responsáveis sociais. Hoje, todo o conhecimento existente no mundo está na rede, ao alcance de todos os que possuírem a tecnologia adequada e a formação pertinente para acessá-lo. O desenvolvimento e o bem-estar dos povos e a universalização da cultura dependem em grande parte da sensibilidade que tivermos, por mais incompreensíveis que elas às vezes pareçam, para as novidades do milênio.

Escritores de jornais

Desde que foi inventado, o jornalismo é um gênero da literatura; sua história está cheia de grandes cronistas que exerceram os dois ofícios de forma simultânea e, como se costuma dizer, sem solução de continuidade. Não estou me referindo apenas ao fato de que publicaram, ou publicam, seus romances como folhetins ou seriados nas páginas dos jornais, mas igualmente à combinação que fazem de suas habilidades de criadores e de suas habilidades como repórteres, articulistas, críticos ou comentaristas da atualidade. O século XIX é pródigo de exemplos, a começar por Charles Dickens, e o centenário passado acabou consagrando o casamento entre as duas profissões. É impossível imaginar a existência de escritores do calibre de Hemingway ou García Márquez, de Camus ou Vargas Llosa sem levar em conta seus desempenhos como editorialistas, correspondentes, enviados especiais ou até mesmo artesãos ou diagramadores.

Por quem os sinos dobram não poderia ter sido escrito, se o autor não tivesse vivido as aventuras de ser correspondente de guerra da Espanha. Camus viveu a experiência incomparável de fundar e dirigir um jornal, o *Combat*, colaborou assiduamente com outras publicações, como *L'Express*, exerceu ativamente todos os ofícios jornalísticos e até se permitiu teorizar sobre eles: "Se os escritores tivessem o mínimo apreço pela profissão, negar-se-iam a publicar em qualquer meio. Mas ao que parece, é preciso agradar e, para agradar, é preciso submeter-se. Falemos com franqueza: pelo visto, é difícil desfechar um ataque frontal contra estas máquinas de fabricar ou destruir reputações. Quando um jornal, por mais ignóbil que seja, tem uma tiragem de 600 mil exemplares, longe de atacar seu diretor, tratam logo de convidá-lo para jantar. Nossa tarefa, sem dúvida, consiste em não cair nesta suja dubiedade. Nossa honra depende da energia com que nos neguemos a aceitar tal compromisso."* Depois de ganhar o Nobel, Gabo** voltou inúmeras vezes às tarefas de repórter não somente em seu notável livro *Notícia de um sequestro*, mas também em vibrantes crônicas escritas para a imprensa colombiana e espanhola sobre temas como o caso Lewinsky ou as viagens de Hugo Chávez a Cuba. Quanto a Vargas Llosa, já repeti muitas vezes a anedota de que, lá por volta do ano de 1964, ele se levantou de sua cadeira de redator da Agence France-Press, situada num velho edifício parisiense no número 13 da Place de la Bourse, para que eu assentasse ali o meu traseiro. Tinha acabado de ser premiado por *A cidade e os cachorros* e percebeu a oportunidade de começar a construir uma carreira de escritor, o que não impediu que se encontrasse no Congo como enviado especial no exato momento em que escrevo estas linhas. Saramago aproveitou sua fulminante demissão do cargo de diretor de um jornal lisboeta para pendurar, bem depois dos 50 anos, as chuteiras de jornalista, como o próprio Graham Greene já havia feito, cansado de exercer as funções de redator-chefe de um jornal londrino. A lista de escritores, repórteres ou redatores de jornais seria interminável, e se citei estes exemplos – entre os quais apenas Mario Vargas Llosa ainda não ascendeu à honra do Nobel – é para demonstrar que as redações do

* Citado por Jean Daniel em seu livro *Camus...*, *op. cit.*, p. 55.

** Gabriel García Márquez. (N. da T.)

mundo inteiro têm sido ocupadas com muita frequência por eminentes literatos.

O bom da literatura, como da vida, é que são muitas. Muitas vidas e muitas formas de ser escritor. Ninguém está proibido de experimentar mais de uma e ninguém deve se envergonhar por isso. Sabemos de grandes autores que circularam pelo jornalismo com naturalidade e de jornalistas de fama que tentaram, com maior ou menor sucesso, a sorte com os romances. Alguns já nos abandonaram, outros seguem em plena produção. Todos constituem exemplos memoráveis, nos quais os jovens que aspiram imitar seus antepassados podem se mirar.

O caso de Dickens é, com toda certeza, o mais eponímico de todos. A condição de jornalista acompanhou o criador do romance moderno durante toda a sua vida. Não desempenhou esta profissão somente quando trabalhava como repórter e cronista parlamentar ou quando dirigia o jornal *Daily News*. Nem o humor seco de *As Aventuras do sr. Pickwick*, nem suas amargas descrições do submundo da pobreza e das prisões inglesas revelam outra coisa senão a audácia satírica de um crítico e a percepção expressiva de um informador. Diante da figura do intelectual maldito ou marginalizado, Dickens foi exemplo de escritor triunfante e influente, capaz, no entanto, de não se dobrar diante do que o cercava e de impor suas convicções e sua compreensão da existência, muito alinhadas, como vimos, com o que pregava Albert Camus. Assim como no caso do francês, os pormenores mundanos de sua vida, às vezes tingida de falsa frivolidade, são um de seus atrativos mais indiscutíveis. Charles Dickens não foi um pensador, mas um narrador, um observador da realidade e um homem convencido da capacidade de entretenimento da literatura e, ao mesmo tempo, dos condicionamentos profissionais de seu exercício. Estes aspectos de sua atividade criativa, que poderíamos definir, grosseiramente, como pragmáticos, são explicados não apenas por sua própria biografia pessoal, mas também e, sobretudo, por sua dedicação ao ofício de jornalista. Do jornalismo, conserva em seus romances um excepcional rigor narrativo, um respeito admirável pela exposição dos fatos, um distanciamento muitas vezes irônico em relação aos mesmos e uma combatividade da linguagem que encobre a reflexão, pelo menos a reflexão tal como foi entendida pelos inventores daquilo que se autodenominou "pensamento transcendente" e que muitos estragos causou entre os que se arvoraram o nome de "classe intelectual". O jornalismo quis tanto ser representado como um gênero ou ainda como um subgênero ou um "não gênero" da literatura que, para nós que acreditamos que esse tipo de distinção institucional da arte e da comunicação tendem apenas a criar falsos – mas opressivos – instrumentos de poder, o exemplo dickenseniano é reconfortante. Dedicou-se com igual ênfase às duas atividades, triunfou nas duas e nas duas teve uma atitude idêntica de denúncia da ordem estabelecida e de solidariedade com os que o liam. Uma de suas obras mais populares, que lhe deu fama e reconhecimento desde o início, *As Aventuras do sr. Pickwick* se inscreve com plenos direitos naquilo que hoje se costuma chamar de cultura dos quadrinhos e que, no caso do Japão, ganha o apelativo de "mangá". O escritor foi chamado inicialmente para colocar os diálogos nos roteiros e desenhos que o jornal havia encomendado ao desenhista Seymour. Essa primeira tentativa não deu origem a um corriqueiro "gibi", mas a uma obra extraordinária em nuances e situações, que rivaliza com os grandes monumentos da literatura mundial. Esta disposição tão inovadora demonstrada pelo autor de *Oliver Twist* contrasta com a relutância de alguns pretensos grandes autores de nosso tempo diante de certas formas da comunicação e da arte que os cânones teimam em continuar chamando de menores. A modernidade de uma sociedade e de seus protagonistas se distingue, entre outras coisas, por sua atitude diante do progresso. A resistência tradicional de tantos intelectuais e escritores espanhóis contra as novas técnicas de comunicação, que começou a ser vencida apenas na última década, a predominância do respeito pela cultura escrita e sua sacralização diante do audiovisual, continuam a pesar como uma ofensa. É possível que um autor de sucesso ainda não tenha conquistado realmente a fama enquanto seus romances não forem adaptados para a televisão, mas o que diriam de um autor cujos romances, em vez de escritos em sua velha escrivaninha, tivessem sido imaginados desde o começo como uma série televisiva e só adquirissem a forma de livro posteriormente? Greene, Faulkner ou Pinter são alguns dos monstros da arte de escrever que demonstraram, sem sombra de dúvida, que um bom roteiro de cinema não tem por que merecer menor consideração que um romance ou uma peça teatral de sucesso. Agora, esperamos pelas notícias dos próximos sucessos literários criados para distribuição, exclusiva ou primordial, através de celulares.

Desde que existe a imprensa, é difícil encontrar um autor de relevo que não tenha praticado o jornalismo como repórter ou como colunista de opinião. Este é o caso de Carlos Fuentes que, aos 80 anos, continua colaborando assiduamente nos jornais a respeito de questões de política internacional, sem abandonar, no entanto, sua prolífica e admirável atividade de narrador. Mais peculiar, contudo, é o caso de Gabriel García Márquez. Sua trajetória profissional (de *El Universal* a *El Heraldo* e deste para *El Nacional de Barranquilla*, onde foi redator-chefe, para terminar em *El Espectador de Bogotá*) o coloca entre os especialistas consumados de todos os gêneros jornalísticos. Na breve biografia que dele publiquei em 1989, para o Círculo de Lectores* tive a oportunidade de destacar esse aspecto: praticou a entrevista, o artigo de fundo, a coluna de opinião, a crônica de viagem e a reportagem de investigação desde o início de sua carreira e fez isso harmonizando a atividade jornalística com a de criador de obras memoráveis de ficção. Foi enviado especial na Europa e também correspondente de uma agência de notícias (*Prensa Latina*) em Nova York. Ainda na juventude, envolveu-se na aventura de assumir uma revista (*Crónica*), da qual foi redator-chefe, e de dirigir um jornal alternativo que durou apenas seis dias e se chamava *Comprimido*, dando fé de sua determinação de ser conciso. Percebia, sem dúvida, que a síntese é um dos valores do jornalismo moderno, coisa que é esquecida com demasiada frequência pelos jornais de hoje. Com os editores preocupados com a crise nas vendas, eles se dedicam a publicar centenas de páginas que ninguém lê, talvez porque tenham assimilado bem demais a máxima de lord Thomson: notícia é aquilo que se lê entre os anúncios. Desgraçadamente, não apenas a circulação, mas também a publicidade entraram em queda vertiginosa e, com isso, assistimos hoje ao encolhimento dos jornais.

Gabo é um amante dos jornais. Depois de receber o Nobel, resolveu usar o dinheiro ganho com o prêmio na fundação de um jornal, batizado de *El Otro*. Durante meses, viajou seguidas vezes a Madri para discutir conosco, que fazíamos *El País*, sobre os problemas concretos da fundação desse moderno diário, além de enviar sua equipe de colaboradores para visitar diversas redações da Europa. *El Otro* pretendia, como o próprio nome indica, dar as notícias de um ponto de vista diferente daquele ao qual a opinião pública

* Juan Luis Cebrián (ed.), *Retrato de Gabriel García Márquez*, Barcelona, Círculo de Lectores, 1989; Galaxia Gutenberg/Círculo de Lectores, 1997.

estava acostumada pela imprensa colombiana. *El Otro* nunca chegou a ser publicado. O dinheiro do Nobel não dava para tanto. Contudo, é impossível imaginar que a prosa de *Cem Anos de Solidão* e a exuberante capacidade de descrever o indescritível que emana de suas páginas pudessem existir sem o domínio da prática jornalística que as ilumina. O *Relato de um Náufrago*, publicado em abril de 1955, nas páginas do jornal *El Espectador de Bogotá*, constitui outro exemplo formidável disso. García Márquez narrava em vários capítulos as memórias do sobrevivente de um grupo de marinheiros que caiu no mar quando navegava num contratorpedeiro da marinha. O relato serviu para revelar que o navio transportava eletrodomésticos contrabandeados, trazendo à luz a corrupção dos oficiais que o comandavam, e sua publicação serviu para alavancar as vendas do jornal. Os críticos e historiadores hoje o consideram como uma obra-prima da narrativa de aventuras.

Se as fronteiras entre jornalismo e literatura são muitas vezes quase invisíveis, no caso de García Márquez elas confundem perigosamente seus limites. Ao jornalismo, ele deve sua capacidade de observação e também sua preocupação com o público, seu desejo de não fazer da escrita um ato de preciosismo, nem transformá-la num onanismo de autor. Sempre foi um escritor comprometido, nunca ocultou suas lealdades pessoais ou políticas e investiu tempo e dinheiro no ensino de suas paixões vocacionais: o cinema e o jornalismo. Neste último caso, é presidente da Fundação do Novo Jornalismo Latino-americano, com sede em Cartagena e, quanto à sétima arte, colaborou durante décadas com o Instituto de Cinematografia Cubano e com o Festival de La Havana.

No entanto, o fato de que o jornalismo seja um gênero da literatura não significa que não existam fronteiras, algumas abismais, que delimitam claramente qual é seu papel em relação ao da ficção, mesmo quando esta se recria no romance histórico ou no relato de fatos reais. Há realidades impossíveis de ser descritas e acreditadas, avaliadas em toda a sua magnitude sem que se recorra ao caudal da imaginação que os narradores de histórias abrigam em seu instinto. O rigor jornalístico, baseado em dados concretos, datas, quantidades, provas, não tem nada a ver com o rigor literário, ancorado na anedota, no detalhe e na constatação de que a imaginação, as evocações subjetivas são muito mais importantes que os documentos ou as declarações quando se deseja transmitir uma realidade que só existe a partir do momento em que o escritor a engendra numa folha de papel em branco ou na tela de cristal líquido de seu computador.

Muitos bons jornalistas metidos a narradores de ficção demoram a compreender que lidar com o tempo nestas duas especialidades é substancialmente diferente. Estou me referindo tanto ao tempo de escrever quanto ao tempo de ser lido. Diante da urgência e da vida curta das crônicas ergue-se, misteriosa, a vocação de perenidades dos relatos. Somente um mestre, como nos exemplos citados acima, é capaz de combinar os elementos que reúnem o rigor dos dados ao das paixões. Duas das características do ato criativo são a solidão e a diferença, ambas dificilmente conciliáveis com o papel de informador, sujeito ao ruído e ao tráfego das redações, a um sistema industrial e a uma forma de fazer padronizada. O gênio do escritor se descobre quando peças pensadas para a vida efêmera de um diário revelam sua força e seu anseio duradouros. Assim como um político dá mostras de seu talento quando seus discursos podem ser lidos décadas depois de sua morte e revelam valores e iluminações próprios, alheios ao ambiente conjuntural em que foram pronunciados, os grandes escritores de jornais são aqueles que, como o escritor do século XIX Mariano José de Larra, se mostram capazes de exercer seu mau humor cotidiano com uma ânsia de verdadeira eternidade. Ele representa o exemplo espanhol mais evidente dos vínculos de todo tipo que existem entre jornalismo, literatura e política e nos traz de volta a combinação de boemia e distinção, de amor à boa vida e gênio reflexivo que caracteriza a história dos livros em seu amálgama com os jornais, o café e as fábricas de tabaco. O sr. Mariano José foi, eminentemente, um escritor de jornais, embora se tratasse de um jornal de concepção anterior à revolução industrial e à modernização da imprensa. Seu estilo, seu modo de fazer, sua relação com os leitores, sua permanente provocação, o êxito de suas atitudes e todo o seu modo de vida correspondem, mais do qualquer outra coisa, à sua condição de jornalista. Expressão do primeiro romantismo espanhol, não tinha uma alma poética, mas uma prosa letal. Ai de quem fosse alvo de sua pena! Acabava transpassado por ela, fulminado, mais adequado impossível, com uma penada. Ironia, sarcasmo, crítica amarga eram as armas deste colunista que tantos cavaleiros de nossos tempos tentaram imitar e com o qual ninguém conseguiu se comparar, nem em qualidades, nem em empenho.

A leitura de Larra é inevitável para qualquer um que pretenda, em suporte de papel ou através de rede, escrevendo crônicas ou blogueando entre os cibernautas, dedicar-se a este nosso ofício. Nunca existiu ninguém melhor, mais agudo e certeiro na observação da realidade cotidiana.

Se alguém tivesse dúvidas sobre a concepção do jornalismo como gênero literário, bastaria colocar diante de seus olhos uma coleção de *Fígaro* ou de *El Pobrecito Hablador* para tirá-lo de sua perplexidade ou talvez fosse suficiente reler alguns parágrafos magistrais de seus artigos, como aqueles a respeito do "homem-globo", de tão vergonhosa atualidade. "Mas vejam vocês o homem-globo com todas as suas qualidades. Quanto ruído antes! A ascensão! Vai subir. Oh, sim, agora sim, vai subir! Grande fama, grande prestígio. O globo os arma; confia neles, observa como incham. Quem duvidará de sua suficiência? Porém, como quase todos os nossos globos, enquanto estão embaixo, entre nós, sua grandeza assombra, e assim seu aparato e sua fama; todavia, conforme vão se elevando, vão ficando pequenos, menores; e, mal chegam à altura de Palácio, que não é de grande altura, já podem ser vistos do tamanho de avelãs e, então, o homem-globo não é nada: um pouco de fumaça, uma tela grande, mas vazia e fica evidente que, bem lá no alto, eles não têm direção. Será que alguém conseguirá descobrir um modo de dar direção a este globo?"

Talvez a solução esteja em replicá-lo. E isso foi, afinal, o que tentei fazer com esta coleção de ensaios: destruindo mitos, evocando emoções e provocando debates, tudo que é próprio dos ambientes dos bordéis que, durante muitos anos, pareceram mais respeitáveis aos olhos da sociedade dirigente do que as próprias redações dos jornais. Talvez seja este o segredo de nossa sobrevivência e a única maneira de conseguir vislumbrá-la diante da onda digital.

Conheça mais sobre nossos livros e autores no site
www.objetiva.com.br
Disque-Objetiva: (21) 2233-1388

Este livro foi impresso na
LIS GRÁFICA E EDITORA LTDA.
Rua Felício Antônio Alves, 370 – Bonsucesso
CEP 07175-450 – Guarulhos – SP
Fone: (11) 3382-0777 – Fax: (11) 3382-0778
lisgrafica@lisgrafica.com.br – www.lisgrafica.com.br